rororo

Lektorat Bernd Jost

In allen Kulturen bewahrten die Schamanen das geheime Wissen über Magie und Heilung. Doch die alten Formen und Riten passen nicht mehr in unsere heutige Zeit. Robert Salman, ein erfahrener Praktiker, hat in diesem Buch das Wissen der Schamanen für den modernen Menschen zugänglich gemacht. Er liefert die Grundlagen und die wichtigsten Techniken. Er erklärt, wie man eine Schamanenreise unternimmt und seinem Krafttier begegnet, wie man sich Kraftplätze schafft und sie nutzt, wie man heilen und sich seine Wünsche erfüllen kann.
Damit erweist sich der praktische Schamanismus als eine unschätzbare Hilfe bei der Bewältigung des Alltags.

Robert Salman

Der praktische Schamane

Die Kunst des Wünschens • Heilen
Magie im Alltag

Rowohlt Taschenbuch Verlag

Inhalt

Originalausgabe
Veröffentlicht im
Rowohlt Taschenbuch Verlag,
Reinbek bei Hamburg, Dezember 2003

Umschlaggestaltung any.way,
Barbara Hanke
(Foto: Fotex)
Reihenlayout Christine Lohmann
Satz Proforma PostScript
bei KCS, Buchholz/Nordheide
Druck und Bindung Clausen & Bosse, Leck
Printed in Germany
ISBN 3 499 61554 1

Die Schreibweise entspricht den Regeln
der neuen Rechtschreibung.

Widmung
Ich widme dieses Buch dem «one and only rock ´n´ roll junkie» Herman Brood

Herman Brood

1946 – 2001

Zu meinen persönlichen Motiven möchte ich mich nicht näher äußern und stattdessen ein Zitat sprechen lassen:

«Leben, das ist das Allerseltenste in der Welt — die meisten Menschen existieren nur.» Oscar Wilde

Herman Brood lebte ein sehr schnelles Leben, dem er aus lang geplanten und wohl überlegten Gründen durch einen Sprung vom Dach des Hilton-Hotels in Amsterdam im Juli 2001 ein Ende setzte.

Ich werde für immer glücklich sein.
Nichts kann mich daran hindern.
Ich gehe, und Schönheit ist vor mir.
Ich gehe, und Schönheit ist hinter mir.
Ich gehe, und Schönheit ist über mir.
Ich gehe, und Schönheit ist unter mir.
Schönheit umgibt mich, wohin immer ich gehe.
Schön sind auch meine Worte.
Ich stelle mir jetzt die Schönheit des Lebens vor.
Ich fühle sie in meinem Inneren, wenn ich das Gebet spreche.
Je mehr Heilsein ich ausstrahle, desto stärker wird meine Heilkraft.
Jetzt gehe ich durch das Leben in Schönheit.
Segensgebet der Navajo

Schamanismus

Eine kurze Einführung

«Warum zeremonielle Roben und Masken anlegen und Gottformen vortäuschen? Es gibt keinen Grund für Wiederholungen oder schwache Initiationen.
Du lebst!»
Austin Osman Spare

Worum geht es hier?

Seit Anbeginn fließt ein Strom magisch-schamanischen Wissens durch die Geschichte der Menschheit, manchmal unterirdisch und verborgen, manchmal stark und sichtbar, teils in Einklang mit den Glaubensvorstellungen seiner Zeit, oft im Konflikt mit ihnen. Zwar gibt es nicht wirklich eine ungebrochene uralte Überlieferung vom Lehrer auf den Schüler, wie sie gerne behauptet wird und sicherlich auch wünschenswert wäre. Indirekt aber existiert dennoch eine Überlieferung durch die Jahrhunderte. Denn immer wieder wandten sich Männer und Frauen der geheimnisvollen Kunst zu, andere Wirklichkeiten zu bereisen und ihren Mitmenschen nutzbar zu machen. Sie suchten in den Bruchstücken, die von früheren Generationen und ursprünglichen Kulturen geblieben waren, nach dem Schlüssel zu Wissen, Heilung, Macht und Erleuchtung.
Sie bemühten sich, von ihren Vorgängern zu lernen, studierten die Lehren ihrer Vorväter und pflegten Austausch mit Gleichgesinnten. So erhielten sich auch die Ideen des abendländischen Schamanismus (auch wenn er damals sicherlich nicht so genannt wurde) bis in die Gegenwart, machten gerade in den letzten Jahren und Jahrzehnten regelrechte Quantensprünge in Technik und Effektivität.
Das Erleben der Anderswelt, der «wahren Wirklichkeit», die sich so sehr von unserer so genannten Realität unterscheidet, diese Grunderfahrung bleibt immer gleich. Das Erscheinungsbild aber, in das sie sich kleidet, wandelt sich: Die Namen und Methoden ändern sich, die Techniken und Rituale, mit denen Naturkräfte angerufen werden,

folgen der Entwicklung der menschlichen Psyche (als kollektives, nicht individuelles Phänomen) und des Zeitgeistes. Immer wieder stehen die Suchenden vor der Aufgabe, überlieferte Techniken zu überarbeiten, weiterzuentwickeln und an die Notwendigkeiten und Möglichkeiten ihrer Zeit anzupassen. Dies ist nicht oberflächliche Selbstüberschätzung, sondern eine unumgängliche Notwendigkeit. Denn selbst erprobte schamanische Riten ehrwürdigen Alters und untadeliger Herkunft verlieren ihre Kraft, wenn ihre Symbole und ihre Methoden dem Lebensgefühl des Praktikers und den Anforderungen der Gegenwart nicht mehr gerecht werden. In Zeitenwenden wie der jetzigen muss der Schamanismus in neue Formen gegossen werden, um sich selbst treu bleiben zu können.

So werden neben den bekannten folkloristischen schamanischen Techniken, deren Kraft mit steigender Popularität nachlässt, auch Methoden für «Fortgeschrittene» vorgestellt, die mancher Traditionalist als völlig unschamanisch oder gar als Sakrileg zurückweisen wird. In jedem Fall werden Techniken vorgestellt, die bisher gar nicht, und wenn doch, dann nicht im Kontext des Schamanismus publiziert wurden. Alle Praktiken, besonders die exotischeren, sind vom Autor erfolgreich erprobt. Vieles gäbe es noch zu sagen, das in einem Buch, das sich an ein größeres Publikum richtet und ohne die Unterstützung und Anweisungen eines persönlichen Lehrers auskommen muss, keinen Platz finden darf.

Alles, was wir wahrnehmen, ist wirklich.
Alles, was wir nicht wahrnehmen, existiert auch nicht – jedenfalls nicht für uns.
Alles, was wir wollen und was dennoch nicht in unsere Wahrnehmung eintritt, war kein Wille, sondern lediglich ein gescheiterter Wunsch.
Folglich sind Wille und Wahrnehmung ein und dasselbe.
Austin Osman Spare

Was du wissen solltest, wenn du dieses Buch verstehen möchtest

Bücher, die sich mit dem Schamanismus der nordamerikanischen Indianer, der Eskimos und Mongolen beschäftigen, gibt es viele, und sie erfreuen sich zu Recht großer Beliebtheit. Trotz ihrer Attraktivität ist es dennoch ein wenig fraglich, ob sich z. B. Techniken, die im Regenwald «funktionieren», sich so ohne weiteres in den Großstädten Mitteleuropas anwenden lassen. Dies macht viele praxisorientierte Bücher zum Thema Schamanismus möglicherweise problematisch.

Verhältnis zur Natur

Die meisten von uns leben eben nicht mehr so sehr naturverbunden, viele sind auch mit der einheimischen Flora und Fauna kaum vertraut. Wer kein besonderes Verhältnis zur ihn umgebenden Tierwelt hat, wird sich dementsprechend schwer tun, z. B. das für ihn geeignete Krafttier zu entdecken und seine Möglichkeiten für sich zu nutzen. (Wie dies trotzdem gelingen kann, wird im weiteren Verlauf des Buches beschrieben.)
Wer noch nie alleine im Freien, im Wald, an einem Fluss oder Gebirge übernachtet hat, darf nicht erhoffen, ohne Schwierigkeiten einen Zugang zu Pflanzen- und Naturgeistern zu finden. Das ist so, als wollte man laufen, bevor man aufrecht stehen kann. Wer sich für den Schamanismus interessiert, ist daher nicht nur eingeladen, sondern regelrecht aufgefordert, ein persönliches, intensives Verhältnis zur Natur zu entwickeln. Wer einen Balkon hat, kann hier erste Annäherungen mit

dortigen Übernachtungen im Sommer versuchen.

Die Einheit alles Seienden

Und dies gilt dann nahezu zwangsläufig auch unmittelbar in globaler Hinsicht: In Zeiten immer größer werdender Entfremdung von unseren Ursprüngen, wachsender Umweltverschmutzung, einer drohenden Klimakatastrophe und sich erschöpfender Ressourcen ist das Bewusstsein, dass wir Verantwortung für diesen Planeten tragen, ein Teil von ihm sind, der zwar auf uns, wir aber nicht auf ihn verzichten können, nachgerade überlebensnotwendig.

So ist es nicht erstaunlich, dass das Interesse an der ältesten Form von magischer Weltsicht, Spiritualität und Philosophie der Einheit aller Gegensätze, eben dem Schamanismus, gerade jetzt eine solche Renaissance oder gar einmalige Blüte erlebt. So vielfältig und gerade auch für den Fachmenschen verwirrend die Spielarten dieser Weltsicht und Lebensweise sein mögen, so ist ihnen doch das Bewusstsein der Verwobenheit aller Dinge gemein, seien sie offensichtlich oder sich unseren Sinnen entziehender Natur. Anders ausgedrückt: Was unsere allgemeine Welterkenntnis angeht, so waren wir schon einmal erheblich weiter. Wie wichtig, auch in ganz subjektiver und egozentrierter Hinsicht, dieses Wissen heute für uns ist, spüren viele in einer diffusen Sehnsucht nach Sinnschöpfung und längst verloren gegangenen Wurzeln. So haben die Kirchen und vor allem fundamentalistisch orientierte Glaubensgemeinschaften einen unerwarteten Zulauf. Wie stark radikalislamische Gruppierungen in das gegenwärtige politische Weltgeschehen eingreifen, ist schon fast bis hin zu seiner Trivialisierung bekannt. Nicht nur im Westen, sondern weltweit gibt es eine große Welle neuer Religiosität. Selbst im nach wie vor kommunistisch-totalitären China konnte die obskure Falun-Gong-Bewegung, sehr gegen den gewaltsamen Widerstand des politischen Systems, bemerkenswert Platz greifen.

«Was ist das Wichtigste von allem?»
«Gott.»
«Was ist wichtiger als Gott?»
«Nichts ist wichtiger als Gott.»
«Dann lasse das Nichts vor Gott kommen.»
William Gray

Der Ursprung aller Religionen

Meiner ganz persönlichen Überzeugung nach findet sich der Ursprung aller Religionen im Schamanismus, d. h. das Wissen der Schamanen war eine notwendige Voraussetzung, damit Religion, welcher Prägung auch immer, entstehen konnte. Die Religionen und ihre Führer haben sich nicht gerade als dankbar erwiesen, von archaischen Stammeskulten abgesehen, in denen Schamanen in alles rituelle und religiöse Geschehen integriert waren oder glücklicherweise sogar gelegentlich heute noch sind. In allen anderen Fällen waren und sind die Schamanen für den «modernen» religiösen Menschen nichts anderes als die lebende Erinnerung an die kindische Dummheit unserer Vorfahren, die noch glaubten, dass die Erde eine Scheibe sei – am besten gleich eine, die von einer Schildkröte getragen wird. So wurde, gerade in den Weltreligionen der Hochkulturen, der Schamane nicht nur zum unerwünschten Zeitgenossen, sondern regelrecht zum spirituellen Ungeziefer, das es leider oft im Wortsinne auszumerzen galt. Man denke nur an die vermeintlich «christliche» Hexenverfolgung, die ursprünglich wesentlich gegen Menschen gerichtet war, die man Euro-Schamanen nennen könnte.

Schamanismus: Ursprung von Medizin und Psychologie

Aber Schamanismus ist mehr als Vater und Mutter aller Religion, er ist auch die Quelle von Medizin und Psychologie. So wie Chemiker sich ungern an die ihnen vorausgehende Alchemie erinnern lassen, wie Astronomen ein schon fast pathologisches Problem mit der Astrologie haben, so beschleicht viele moderne Ärzte ein sehr unangenehmes Gefühl, wenn sie mit dem Thema Schamanismus konfrontiert werden.

Schamanismus ist nicht nur ein Weg der Erkenntnis, sondern immer auch das Bemühen zu heilen. Wenn wir heute heil, d. h. vollständig und gesund sein wollen, müssen wir auch etwas für die Gesundheit dieses Planeten tun, denn er ist es, von dem wir leben, nicht er von uns. Kaum bekannt ist, dass es westliche schamanische Traditionen gibt, die als Teil unseres Kulturerbes für die meisten sehr viel leichter zugänglich, verständlich und anwendbar sind. Obwohl als «Schamanismus», «Hexenkulte», «Teufelsanbeterei» u. Ä. verfemt, hat sich dieses Wissen bis heute erhalten und ist so wert- und wirkungsvoll, dass es weitgehend unbemerkt etwa in viele Bereiche der modernen Psychotherapie Einzug gehalten hat. So sind z. B. die legendären Heilerfolge eines Milton Erickson auf sein intuitives Verständnis schamanischer Trancetechniken zurückzuführen. NLP bedient sich weitgehend magischer und schamanischer Methoden, was teilweise sogar offen zugegeben und auch so benannt wird. Selbst das scheinbar so unspektakuläre autogene Training oder die progressive Muskelentspannung sind nichts anderes als schamanische (Vor-)Übungen im modernen, «wissenschaftlichen» Gewand. Diese Zusammenhänge wurden, wenn denn überhaupt, so doch noch nicht in einer an ein breites Publikum gerichteten Form beschrieben. Genau diese Lücke möchte dieses Buch schließen. Folgende Themenschwerpunkte sollen neben allgemein gültigen Grundlagen gesetzt werden: Zum einen werden die wichtigsten westlichen schamanischen Quellen und Theorien kurz umrissen. Hierbei wird der vielfach leider zur dubiosen Worthülse verkommene Begriff «Schamanismus» traditionell und modern definiert und im besten Sinne des Wortes entzaubert: Schamanismus hat nichts mit Aberglauben oder esoterischem Humbug zu tun (obwohl der Begriff natürlich gerne auch hierfür missbraucht wird). Vielmehr ist er die Wurzel von Medizin, Psychologie und letztlich auch Religion, ohne an eine solche gebunden zu sein. Gerade der praktische Nutzen für Medizin und Psychologie wird in wachsendem Maße von aufgeschlossenen Menschen er- und anerkannt. Schamanismus ist damit der naturwissenschaftlichen Forschung mit großem Gewinn zugänglich. Seine Heilerfolge sind mittlerweile unstreitig. Die Aufhebung der strikten Trennung zwischen körperlichen und psychischen Erkrankungen ist modernen medizinischen Erkenntnissen nahe und immer noch voraus. Ähnlich wie Yoga noch vor einigen Jahrzehnten von aufgeklärten Rationalisten als bizarrer Unsinn belächelt wurde, während inzwischen Yogakurse sogar von manchen Krankenkassen bezahlt und an Volkshochschulen angeboten werden, werden meiner Überzeugung nach schamanistische Techniken in naher Zukunft selbstverständlicher Bestandteil ganzheitlicher medizinischer Behandlung sein. In diesem Sinne versucht das Buch also aufzuklären und Zukunftsperspektiven aufzuzeigen. Zum Zweiten werden einfache, aber effektive Übungen beschrieben, die sehr praxisbezogen sind, etwa indem sie zeigen, wie man in der Innenstadt «seinen» Park- oder in der überfüllten U-Bahn einen Sitzplatz bekommt. Es werden Techniken beschrieben, mit denen man gesundheitliche Beschwerden gefahrlos selbst behandeln kann (selbstverständlich wird auf das Risiko der Selbstbehandlung ohne ärztlichen Rat ausdrücklich hingewiesen). Beispiele sind: Kopfschmerzen, Schlafstörungen, Ängste, allgemeine Schmerzzustände, wie man schlechte Gewohnheiten loswird und sich gute erwirbt. Das Buch richtet sich an alle, die sich grundsätzlich für das Thema (westlicher) Schamanismus interessieren, und ist insofern eine allgemeine theoretische und praxisorientierte Einführung. Durch die dezenten, aber deutlichen Bezüge zur modernen Psychologie sollen auch Leser erreicht werden, die jeglicher «Esoterik» skeptisch bis ablehnend gegenüberstehen.

Was ist Schamanismus, woher kommt er, wohin entwickelt er sich?

«Es gibt keine gesprochene Wahrheit, die man danach nicht besser vergisst.»
Austin Osman Spare

Wiederentdeckung in Sibirien

Der Schamanismus hat europäische Reisende und Forscher schon seit den ersten Entdeckungsreisen nach

Sibirien fasziniert. So wie der Prophet im eigenen Lande nichts gilt, so wurde im mitteleuropäischen Kulturraum diese exotische Form, mit der Anderswelt umzugehen, allgemein bekannt, während die eigenen Quellen und Techniken verdrängt und verleugnet wurden und bis zum heutigen Tage weitgehend werden. Die wissenschaftliche Sicht und das öffentliche Bild dieses Phänomens orientiert sich nach wie vor hauptsächlich an seinen spezifisch sibirischen Attributen (wie etwa bestimmte Rituale, Geschichten, Gesänge und Tänze, besondere Kleidung, die berühmte Schamanentrommel usw.).
Bis heute gibt es keine allgemein anerkannte, einheitliche Definition des Begriffs. Einig sind sich viele Ethnologen und Religionswissenschaftler darin, dass es sich nicht um eine Religion handelt, sondern um eine Erscheinung, die in vielen Religionen vorkommen kann, nämlich um die Tätigkeit eines sozialreligiösen Spezialisten, der zwischen der menschlichen Gemeinschaft und der Welt der Geister vermittelt. Dabei versetzt er sich z. B., wie etwa im sibirischen und nordamerikanischen Schamanismus, mittels Tanz und Trommelbegleitung in einen Zustand der Ekstase, die als Zeichen einer Seelenreise, etwa ins Totenreich, oder einer Verkörperung bestimmter Geister oder Götter durch den Schamanen aufgefasst wird («positive Besessenheit», wie etwa im tibetischen Schamanismus oder im Voodoo). Sein traditioneller Aufgabenbereich reicht von der Leitung oder Anleitung der Übergangsriten vom Leben zum Tode über die Vorausschau von Ereignissen bis hin zur Heilung von Krankheiten, wobei die Krankheit grundsätzlich als ein von Geistwesen (auch der «böse Blick», bewusste oder unbewusste negative Kräfte anderer) verursachtes Phänomen begriffen wird.

Universalität des Schamanismus

Der aus der Sicht vieler Ethnologen «eigentliche» Schamanismus lässt sich geographisch auf Zentral- und Nordasien sowie zirkumpolare Gebiete Europas und Amerikas begrenzen. Die Gemeinsamkeiten, die der Schamanismus bei den unterschiedlichen Völkern dieser Region zeigt, hebt ihn in seinen äußeren Erscheinungsformen von ähnlichen religiösen Erscheinungen Südasiens, Amerikas, Afrikas und Europas ab. Letztlich müssen wir jedoch den Schamanismus als ein weltweites Phänomen begreifen, das sich immer mit den gleichen spirituellen Themen auseinander setzt und sich lediglich in den verwendeten Methoden unterscheidet.

Gerade in diesem Buch sollen ja die westlichen Traditionen des Schamanismus beschrieben werden.

Historische Entwicklung und Ursprung des Begriffs Schamanismus

Das Wort «Schamane» stammt aus den manju-tungusischen Sprachen. Er ist erstmals in dem historischen Werk *Sanchao Beimeng Huibian* von *Xu Mengshen*, das 1194 im Druck erschien, schriftlich belegt. Dort erwähnt der chinesische Historiker diesen Begriff als Bezeichnung der Jurcen («Dschurtschen»), der Vorfahren der Manju, für ihre weiblichen Schamanen. Diese Bemerkung unterstützt mündliche Überlieferungen bei vielen Völkern, die behaupten, dass es früher ausschließlich Schamaninnen gegeben habe oder dass Schamaninnen mächtiger als Schamanen gewesen seien. Das weckt Assoziationen an die weisen Frauen, bzw. Hexen, die offensichtlich auch über mehr «Power» als die angeblichen Herren der Schöpfung verfügten und möglicherweise noch heute verfügen. Dafür, dass Frauen von Natur aus die mächtigeren Heilkräfte besitzen und leichter Zugang zur Anderswelt finden als Männer, spricht nach meiner Beobachtung auch die Erfahrung, dass Frauen sehr viel häufiger als Männer durch ein Schlüsselerlebnis zu außergewöhnlichen Fähigkeiten kommen und spontan über diese verfügen können, ohne den Schamanismus jemals erlernt zu haben. Dies kommt bei Männern zwar auch gelegentlich vor, allerdings erheblich seltener. Männer, die lernen, mit Geistern zu verkehren und Heil bringend zwischen den drei Welten hin und her zu reisen, haben meist einen langen Weg der Schulung und des Trainings hinter sich.
Wenn in der Welt des Schamanismus in Wort und Tat mittlerweile die Männer zu dominieren scheinen, so liegt dies an ebendiesem Umstand: Erworbene Techniken können erklärt und unterrichtet werden. Menschen, die von «heute auf morgen» die Fähigkeit besitzen, zu heilen, ohne selbst recht zu verstehen, wie ihnen geschieht, können diese Gabe kaum erklären, geschweige denn weitergeben.
In den letzten zwei Jahrhunderten ist der Schamanismus durch das Vordringen von so genannten Hochreligionen schrittweise verdrängt worden, bei den Sámi (Lappen) und vielen sibirischen Völkern durch das Christentum, bei den meisten Turkvölkern durch den Islam und bei den mongolischen Völkern durch den Buddhismus tibetischer Schule. In Sibirien und im Nordosten der Volksrepublik

China sind nur noch wenige echte Schamanen aktiv. Oft zeigen jedoch die von den Völkern jeweils praktizierten «Hochreligionen» mehr oder weniger stark ausgeprägte Überreste schamanischer Riten oder Vorstellungen. Um den alten Glauben und seine Vertreter auszumerzen, wurden deren Weltsicht und Praktiken verändert und dann in die Hochreligion integriert, ähnlich wie z. B. aus dem heidnischen Fruchtbarkeitsfest das christliche Ostern wurde (Weder bunte Eier noch der Osterhase haben irgendeinen Bezug zur Auferstehung des Herrn).

Was glauben Schamanen?

Grundlage der Tätigkeit des Schamanen ist zunächst die Vorstellung einer senkrecht geschichteten Welt. Die mittlere ist die Welt der Menschen. Bis hierhin sind die Unterschiede zu einem naiv verstandenen Christentum also nicht allzu groß: Die gute Welt ist über uns, der «Himmel», die böse unterhalb von uns, die «Hölle». Die mittlere Welt ist nichts anderes als das Diesseits. Diese prinzipielle Vorstellung findet sich praktisch auch in allen Hochreligionen. Dies kann als ein Indiz gelten, dass der Schamanismus tatsächlich «die Mutter aller Religionen» sein mag.

Im Unterschied zum Christentum sind Schamanen davon überzeugt, dass sich diese Welten gegenseitig durchdringen, und zwar nicht nur im Sinne von Besuchen aus der Ober- (Engel) und Unterwelt (Dämonen). Vielmehr ist eben gerade der Schamane eine Art Vermittler zwischen diesen Sphären, der in Trance und mit geeigneten magischen Werkzeugen bewaffnet sowohl Himmel als auch Hölle aufsuchen kann.

Ein weiterer zentraler Unterschied liegt darin, dass Schamanen niemals Monotheisten im strengen Sinne des Wortes sind: Das Universum, und damit auch unsere Welt, ist bevölkert mit einer unüberschaubaren Anzahl von Göttern, Teufeln und indifferenten Geistwesen. Dabei sind gerade auch die modernen Schamanen reine Pragmatiker: Ob Götter und Dämonen objektiv existieren oder «nur» in die Außenwelt projizierte Aspekte unserer Psyche sind, ist keine Frage von besonderer Bedeutung: Wer heilt, hat Recht; was funktioniert, muss nicht weiter hinterfragt werden, letztlich ist dieses Hinterfragen sogar sinnlos, da dies die Möglichkeiten unseres Erfahrungshorizontes übersteigt.

Ober- und Unterwelt sind bei manchen Völkern nochmals in mehrere «Stockwerke» untergliedert. Das Totenreich, das der Schamane im

Rahmen seiner Tätigkeit besucht, gilt oft auch als im Norden liegend, in den meisten schamanischen Vorstellungen fällt es aber gleichzeitig und scheinbar paradoxerweise mit der unteren Welt zusammen. Dieser auch von Ethnologen oft nicht verstandene scheinbare Widerspruch lässt sich jedoch sehr leicht auflösen: In der nördlichen Hemisphäre erreicht die Sonne (und jeder andere Stern) seinen höchsten Punkt über dem Horizont in genau südlicher Richtung. So ist es nahe liegend, dass der Süden mit der Höhe, dem Himmel, also der oberen Welt in Verbindung gebracht wird, der entgegengesetzt liegende Norden somit folgerichtig auf (oder in) die Unterwelt weist.

Die Welten sind durch eine Mittelachse, symbolisch meistens durch einen Baum oder Pfahl dargestellt, miteinander verbunden, den so genannten Weltenbaum. Himmlischer Ausgangspunkt dieser Achse ist in der Regel der Polarstern. Dieser Aspekt ist von besonderer Bedeutung, denn tatsächlich dreht sich ja die Erde um die Nord-Süd-Achse, die durch den Polarstern bestimmt werden kann. Schamanen hatten also schon zu einem Zeitpunkt, an dem weder die Kugelform der Erde noch ihre Drehung um sich selbst bekannt war, die korrekte Weltenachse bestimmen können. Eine rationale, wissenschaftlich überzeugende Erklärung, woher die Schamanen dieses Wissen hatten, gibt es nicht. Sicherlich einer der vielen Hinweise, dass schamanische Erkenntniswege fruchtbar sind und nicht nur reinem Aberglauben entsprechen.

Was macht ein Schamane?

Die wichtigste Tätigkeit des Schamanen ist die spirituelle Reise in die obere und untere, seltener in die mittlere Welt, bei der sich seine Seele in Ekstase bzw. in von ihr begleiteter «Ohnmacht» vom Körper trennt. Dabei geleitet er die Seelen von Verstorbenen an ihren Bestimmungsort oder er versucht z. B., die entführte Seele eines Kranken zurückzuholen.

Gesellschaftliche Hauptaufgabe ist jedoch immer – in der Vergangenheit wie in der Gegenwart – das Heilen von Kranken. Ein besonderer Unterschied zwischen körperlichen und psychischen Krankheiten wird nicht gemacht. Nur in relativ seltenen Fällen verabreichen Schamanen Medikamente, und wenn, gelten diese kaum als Therapie im schulmedizinischen Sinne, sondern eher als spirituelles Hilfsmittel zur Selbstheilung (was Schulmediziner und Naturwissenschaftler gerne als Placeboeffekt abtun). Auch naturwissenschaftlich nachgewiesen ist jedoch, dass Placeboeffekte, je nach Erkrankung, in 20–70 Prozent der Fälle zur Heilung führen. Hier fällt es dem Pragmatiker schwer, von Scharlatanerie zu sprechen: Wer heilt, hat Recht. Auch bei einem großen Teil der «normalen» Medikamente lässt sich naturwissenschaftlich keine Wirkung nachweisen, dennoch bleiben sie auf dem Markt und werden weiter munter verschrieben.

Gesellschaftlicher Status von Schamanen

Wegen des problematischen Verhältnisses zwischen offizieller Religion und Schamanismus besteht für diesen eine ähnlich angespannte Beziehung zur Schulmedizin. In der Tat ähnelt sich gerade in diesem Punkt die Situation von «alternativen Heilern» weltweit: Von den Vertretern der offiziell anerkannten Medizin bekämpft, juristisch verfolgt, auf der untersten Stufe des gesellschaftlichen Rangs, werden alle Arten von Geistheilern vor allem zur Anlaufstelle für Menschen, die nichts mehr zu verlieren haben. Wer (aus schulmedizinischer Sicht) unheilbar krank ist, ist oft in seiner Not bereit, Heilmethoden auszuprobieren, über die er sich in gesunden Tagen nur lustig gemacht hat. Dass Schamanen selbst in solchen «aussichtslosen» Fällen oft nachweislich erfolgreich sind, führt nicht dazu, dass ihre Leistungen von offizieller Seite anerkannt werden und ein Umdenken stattfindet, im Gegenteil, in den meisten Fällen führt dies nur zu noch heftigeren Anfeindungen, bis hin zu Gefängnisstrafen.
Ein weiterer Grund, einen Heiler aufzusuchen, ist häufig Armut: Wer sich keinen «echten» Arzt leisten kann, geht eben zum Schamanen, Kräuterheiler, «Medizinmann», denn diese Menschen verlangen meist kein festes Honorar und verschreiben keine unbezahlbaren Medikamente. In Indien und anderen Ländern der Dritten Welt erleben die Pflanzenheilkunde und andere traditionelle Heilverfahren aus diesem Grund eine ungeahnte Renaissance, selbst in Universitäten und staatlichen Kliniken.

Wie wird man Schamane?

Zwischen dem traditionellen und modernen Schamanismus gibt es einen ganz wesentlichen Unterschied: Man muss sich ja nur die aktuelle esoterische Literatur zum Thema anschauen, um zu sehen, wie attraktiv für viele «Westler» das Schamanisieren, oder zumindest das, was sie sich darunter vorstellen, ist. Hier spielt sicherlich bewusst oder unbewusst unsere Phantasie vom «edlen Wilden», der mit sich und der Natur im Einklang lebt, eine Rolle.

In traditionellen Kulturen sieht die Sache oft völlig anders aus: Hier versuchen viele Berufene ihrer Bestimmung regelrecht zu entfliehen, wissen sie doch, dass diese mit großen Schmerzen und Entbehrungen verbunden ist.

Die Berufung äußert sich oft als schwere Krankheit, die nur durch das Einverständnis des Initianden, Schamane werden zu wollen, geheilt werden kann. Hier kann schon regelrecht von einer «spirituellen Erpressung» gesprochen werden, die bei freiwilligen Bewerbern sicherlich nicht nötig wäre. Oft zeigt sich die Krisis der Schamanenkrankheit als ein Zustand der Ohnmacht oder des Komas, verbunden mit hohem Fieber, Phantasieren, mit Schweiß- und manchmal auch Blutaustritt aus den Hautporen. Diese wird als erste Jenseitsreise erlebt, während deren der Initiand oft seine zukünftigen Hilfsgeister kennen lernt. Schamanen berichten, dass sie in dieser Phase sahen, wie ihr Körper von «Unterweltdämonen» oder Krankheitsgeistern zerstückelt, das Fleisch von den Knochen getrennt, gekocht und dann wieder auf das Skelett aufgetragen wurde. Die Knochen waren inzwischen in Feuer geschmiedet worden. Nach diesem Erlebnis bessert sich der Gesundheitszustand des Initianden wieder. Seine erste Seelenreise ist beendet, er ist aus dem Totenreich zurückgekehrt und dadurch ein anderer geworden. Die Initiation ist vollzogen. Die darauf folgende Schulung bei einem erfahrenen Schamanen und die abschließende Weihezeremonie sind dann manchmal nur noch formale Elemente, die dazu dienen, den neuen Schamanen in sein Amt einzuführen. Dies ist jedoch die Ausnahme. In der Regel erhält auch der Berufene Unterricht durch einen erfahrenen Schamanenlehrer, der ihn lehrt, seine Kräfte richtig einzusetzen. Durch das Schamanisieren können durchaus sowohl für den Heiler als auch für den Patienten lebensbedrohliche Zustände ausgelöst werden, insbesondere dann, wenn psychoaktive Substanzen zur Anwendung kommen. Aber auch einfache Trancetechniken können bei falscher Anwendung schwere psychische Erkrankungen auslösen.

Die Fähigkeit, magische und heilsame Seelenreisen zu unternehmen, geht auf eine derartige Berufung zurück oder auf die Ausbildung durch einen Schamanenlehrer. Nach traditioneller Vorstellung werden ganz besonders mächtige Schamanen hervorgebracht, wenn es sich um Söhne eines fähigen Schamanen handelt, die von diesem unter-

richtet wurden und zusätzlich eine Berufung im oben beschriebenen Sinne erfahren haben. Die Initiation geht auf spiritueller Ebene auf eine Gruppe von Geistern zurück, die in einer besonderen Beziehung zur sozialen Gruppe des jeweiligen Schamanen stehen. Häufig sind unter ihnen Ahnengeister der Sippe, die vom verstorbenen Sippenschamanen auf seinen Nachfolger übergehen. Der Geist des verstorbenen Schamanen führt als «Schamanen-Ahne» diese Gruppe an.

Der Schamanen-Ahne des Einzuweihenden, sein späterer Schutzgeist, übergibt ihm während der Initiation seine Hilfsgeister, die den Schamanen zur Jenseitsreise, vor allem zur Rückkehr aus der anderen Welt befähigen. Unter den überwiegend tiergestaltigen Hilfsgeistern befindet sich ein «Haupthilfsgeist», auch «Tiermutter» genannt. Er verkörpert die Lebenskraft des Schamanen und ist sein tierisches Alter Ego, in Sibirien meistens ein Stier oder ein Rentier. In der Gestalt ihrer Alter Egos, also ihrer Hilfsgeister, tragen Schamanen gelegentlich auch Duelle untereinander aus. Die Schamanenduelle, die nicht selten mit dem Tod eines der Beteiligten enden, sind ebenfalls ein unerlässliches Merkmal mancher Formen des traditionellen, «echten» Schamanismus. Auch hier gibt es erstaunliche Parallelen zu den westlichen Traditionen. Die berühmten Kämpfe der Schamanen, wie sie so gerne in Märchen und modernen Fantasy-Storys beschrieben werden, fanden und finden tatsächlich statt. Auch Schamanen sind eben nicht notwendigerweise nur gute und selbstlose Menschen, sondern können wie andere auch skrupellos und machtgierig sein.

Woran erkennt man einen «richtigen» Schamanen?

Ein «Westler», sprich ein Mensch, der in einem Kulturraum lebt, in dem der Schamanismus nicht integraler und akzeptierter Bestandteil der Gesellschaft ist, darf sich meiner Überzeugung nach niemals Schamane nennen. Dies wäre nur ein Zeichen von Eitelkeit, mangelnder Intelligenz und des Bedürfnisses, sich wichtig und damit lächerlich zu machen. Natürlich kann und darf man sich mit schamanischen Techniken beschäftigen und auch darüber sprechen, aber dies ist etwas völlig anderes, als sich mit einem «Titel» zu brüsten. Auch «zugereisten» Schamanen, die auf finanziell lukrative Europatournee gehen, ist eher mit Misstrauen zu begegnen. Wer weiß schon, wie sie in ihrer Heimat eingeschätzt werden? Die meisten Länder mit noch intakten schamanischen Traditionen sind weder wohlhabend noch besonders gut medizinisch versorgt. Zu Hause würden solche Wanderschamanen also wohl wesentlich dringender gebraucht als im reichen Westen. Das sollte zumindest zu denken geben.

Ein richtiger Schamane heilt erfolgreich; je größer seine Macht, umso größer auch seine heilerischen Erfolge. Er wird keine Werbung dafür machen müssen und kaum darüber sprechen, denn die Hilfe Suchenden finden allein ihren Weg zu ihm. Schließlich wird ein ernst zu nehmender Schamane für seine Arbeit kein Honorar verlangen (auch wenn dies in traditionellen Kulturen zum Teil üblich ist), sondern bestenfalls Spenden akzeptieren.

So einfach ist das also: Wenn sich einer Schamane nennt und für seine Tätigkeit Geld verlangt, dann

ist er (oder sie) mit Sicherheit keiner, zumindest kein guter und vertrauenswürdiger.
Mir ist bewusst, dass ich mit dieser Meinung an den genau richtigen Stellen Widerspruch provoziere, was mich in meiner Haltung, die schließlich keiner übernehmen muss, nur bestärkt.

Die Elemente

Die vier Säulen unseres Seins

«Dies ist die Wurzel und Grundlage aller Körper, Naturen, Kräfte und wunderbaren Werke; wer diese Eigenschaften der Elemente und ihre Mischungen kennt, der wird ohne Schwierigkeit wunderbare und erstaunliche Dinge vollbringen und ein vollendeter Meister der natürlichen Magie sein.»
Agrippa von Nettesheim

Diesem Zitat des klassischen Meisters des mittelalterlichen Schamanismus ist nichts hinzuzufügen: Wer die vier Elemente verstanden, be-griffen, er-fasst und den Umgang mit ihnen ver-innerlicht hat, der vermag alles zu vollbringen, was einem Schamanen möglich ist und über das Begriffsvermögen eines normal Sterblichen weit hinausgeht. Die Elemente sind die Wurzel und die Krone jeglichen selbstbestimmten schamanischen Handelns.

Feuer, Wasser, Erde, Luft

In der antiken Philosophie, in der Astrologie, dem Okkultismus, dem zeremoniellen Schamanismus, der Hexerei und selbstverständlich auch im Schamanismus arbeitet man viel mit den Kräften und Energien der Elemente. Es sind die praktisch jedem bekannten vier Naturkräfte: Feuer, Wasser, Erde, Luft.

Die Symbolik gibt den Charakter der Elemente wieder. Feuer und Luft haben mit der Dreiecksspitze nach oben eine aktive «männliche» Kraft. Sie sind leicht und schnell beweglich. Die Spitzen der Symbole für Wasser und Erde weisen dagegen nach unten, was auf ihre passive «weibliche» Kraft hindeutet.

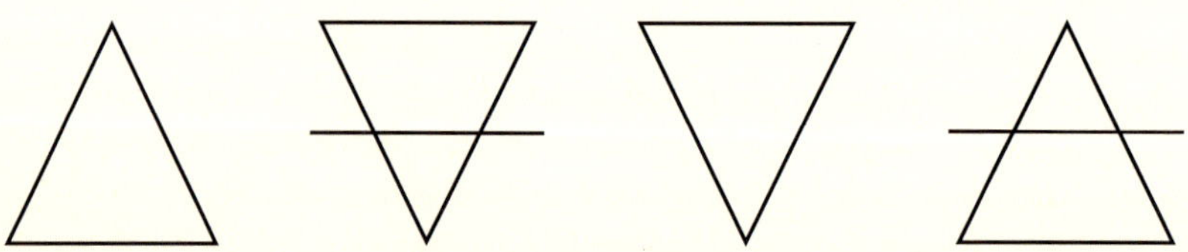

Feuer Wasser Erde Luft

Sie sind substanzieller, schwerer und langsamer. Die Elemente sind damit polarer Natur.
Jedes Element hat einen Gegenpart, mit dem es sich sowohl ergänzt als auch bekämpft: Erde und Luft bilden Gegensätze, ebenso wie Feuer und Wasser.
Erde verdrängt Luft, die Erde findet in der Luft keinen Halt.
Wasser löscht Feuer, Feuer verwandelt Wasser zu Dampf.
In manchen Kulturen und in «Eingeweihtenkreisen» ist manchmal noch von einem fünften Element die Rede, das aber für unsere Zwecke bedeutungslos ist und daher nicht besprochen werden soll.
Fügt man alle Elementsymbole zu einer Figur zusammen, entsteht das so genannte Siegel Salomonis, auch Davidstern genannt.
Dieses Symbol verkam in der nazistischen Terminologie zum Judenstern, repräsentiert in seinem Ursprung jedoch die Einheit aller Elemente. Es spielt in der praktischen schamanischen Arbeit kaum eine Rolle, es ist lediglich ein Symbol für Ausgleich und Harmonie.

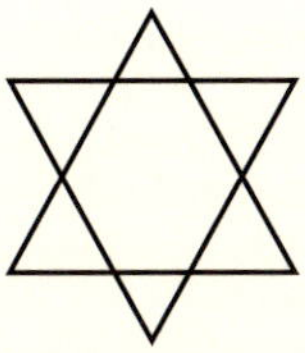

Davidstern

Die Elemente im hier verstandenen Sinne haben selbstverständlich nichts mit den chemischen Elementen des Periodensystems zu tun.

Das Feuerelement

Wär nicht das Auge sonnenhaft,
Die Sonne könnt es nie erblicken;
Läg nicht in uns des Gottes eigne Kraft,
Wie könnt uns Göttliches entzücken?
Goethe

Ohne Feuer wäre alles kalt und dunkel. Wer konzentriert in eine Kerzenflamme blickt, wird sich bewusst, dass die Feuerenergie auch in ihm selbst ist, in Gestalt von Antriebskraft, Leidenschaft, Willen, Verlangen, Intuition und Körperwärme. Das Feuer schenkt dem Menschen auch den Gesichtssinn.
Feuer als Element bedeutet Flamme, Glut, Blitz und auch Vulkanausbrüche. Es repräsentiert alles, was scharf, heiß, brennend, trocken, leuchtend, strahlend, inspirativ und auf eine radikale Weise reinigend und erneuernd ist. Aus verbrannter Erde entsteht Dünger und damit wieder neues Leben und Wachstum. Es hat die Kraft zu zerstören, zu verändern und zu erschaffen. Feuer versinnbildlicht Le-

ben und Tod zugleich. Auf der einen Seite verzehrt es alles, doch andererseits sind es im Wortsinne winzige Verbrennungsprozesse, die den Körper am Leben erhalten.
Feuer ist ein aktives, männliches, schnelllebiges, bewegliches Element. Dem Element Feuer begegnet man an Feuerstellen, Öfen, in Wüsten, an heißen Quellen und Vulkanen. Aber auch eine Kerze, Taschenlampe oder brennende Glühbirne genügen bereits, das Element Feuer zu verkörpern.
Für Schamanen ist es selbstverständlich, dass das Feuer ein Element ist. Bei den Druiden war das ein wenig anders. Feuer entstand durch die Umwandlung der drei anderen Elemente. Die Energie von Erde, Luft und Wasser manifestierte sich im Feuer und wurde darin umgewandelt. Ohne die drei Elemente wäre kein Feuer möglich und umgekehrt (drei Aggregatzustände fest, flüssig und gasförmig und dazu die transformatorische Kraft des Feuers, die den Wechsel zwischen diesen Aggregatzuständen erst ermöglicht). Feuer bringt Eis zum Schmelzen und lässt es schließlich verdampfen. Feuer kann also andere Elemente verwandeln: Eis ist die erdhafte Manifestation des Wassers, Wasser ist eben Wasser … und Wasserdampf, z. B. in Form von Wolken, ist der luftige Aspekt des Wassers.
Gleichzeitig vermag Feuer nicht allein, aus sich heraus zu existieren: es muss genährt werden, es verzehrt. Dies ist eine Eigenschaft, die es von allen anderen Elementen unterscheidet.

Das Wasserelement

Das Wasser hat dem Feuer sprichwörtlich (wie Feuer und Wasser) entgegengesetzte Eigenschaften, die sich wie alle Elemente dennoch auch ergänzen können, man denke nur an das Kochen. Ohne das Wasser gibt es kein Leben, und ohne Wasser als Träger für ungezählte Stoffe gäbe es die meisten biochemischen Reaktionen nicht. Wasser ist wichtig für das Wachstum und dieses Element steht für alles, was feucht, kühl, fließend und formend ist. Das Wasser ist der Ursprung des Lebens, das im Meer entstand. Der Mensch beginnt sein Leben im Fruchtwasser, «künstlichem Meereswasser». Über das Wasser sind alle Lebewesen miteinander verbunden. Alles Wasser ist in einem ständigen Kreislauf und wird durch die Erde gereinigt, durch das Feuer emporgehoben und kommt durch die Luft in Form von Regen oder Schnee auf die Erde zurück.
Wasser erschafft, kann aber auch zerstören. Es ist geschmeidig, sanft, stark und gewaltig. Im Wasser liegt die Keimkraft aller Dinge, und es

sorgt für Ernährung und Wachstum. Es ist weiblich, passiv, alles durchdringend, nährend und zerstörend, und es repräsentiert das Gefühl und das Unbewusste, den Mut, aber auch die Verzweiflung. Wasser ist extrem flexibel, auf der einen Seite fließt der Bach um ein Hindernis herum, auf der anderen Seite schleift und poliert er es so lange, bis es verschwunden ist und er seinen natürlichen Lauf wieder einnehmen kann. Wasser reinigt, schwemmt weg, reißt mit.
Dem Element Wasser begegnet man naturgemäß an Seen, Quellen, Bächen, Flüssen, Stränden, Meeren, Dampfquellen oder Fontänen, aber auch bei Regen, Schnee oder Nebel. Für Stadtschamanen kann ein kreativer Aufenthalt im Badezimmer, aber auch Wischen und Putzen der Wohnung eine inspirierende und sogar magische Handlung sein. Selbst das Kochen von Tee oder Kaffee reicht hierfür, bei entsprechendem Bewusstsein, schon aus.

Das Erdelement

Die Erde ist in jedem Sinne des Wortes der Boden unter unseren Füßen, unsere Körperlichkeit und die Nahrung. Das Element Erde nimmt Gestalt an in Stein und eben der Erde, Sand und Kristallen, aber auch in Metallen, Holz und Getreide. Es umfasst alle festen Stoffe. Die Erde schenkt dem Menschen Halt, Schutz, Nahrung und den Tastsinn.
Erde bedeutet Samen, Saat, Wachstum, Frucht und Ernte.
Das Erdelement repräsentiert alles Feste und Beständige, aber auch die langsame Umwandlung, denn alles, was auf oder in der Erde liegt, zersetzt sich und wird schließlich zu Humus umgewandelt.
Dem Element Erde besonders nahe ist man in Höhlen, Wäldern, Tälern, Feldern, Parks, Minen und Löchern. U-Bahn-Schächte, Fahrstühle, Keller und natürlich Gärten, auch der Blumenkasten am Balkon und die gepflegten Zimmerpflanzen sind für den Stadtschamanen Kontaktstellen zum Erdelement. Selbst der hastig an der Tankstelle gekaufte Blumenstrauß vermag, geschickt präsentiert, eine Beziehung zu «erden».

Das Luftelement

Luft umgibt uns ständig und überall. Sie ist unsichtbar und doch spürbar, etwa als Luftzug. Das Element Luft repräsentiert alles Leichte, Vergängliche, Filigrane, aber auch Klarheit. Es versinnbildlicht Verstand und Kommunikation, Wissen und Weisheit, ist trennend und doch verbindend. Die Luft schenkt dem Menschen den Atem und den Geruchssinn.

Für das aktive, männliche Element Luft stehen die Wolken, der Wind. Man kann den Kontakt zur Luft und ihren Kräften natürlich am besten an Orten finden, an denen man die Eigenschaften des Luftelementes deutlich spüren kann. Das kann auf dem Gipfel eines baumlosen Hügels sein, auf einer Lichtung, auf der die Bäume nur licht wachsen, oder auf einer Wiese, die frei von Hindernissen ist. Für den Stadtschamanen kann auch schon ein Föhn, Ventilator und selbst ein Staubsauger den Kontakt zum Luftelement herstellen. Im Notfall reicht schon ein Lüften der Wohnung oder die Öffnung des Autofensters. Auch ein einfacher Fächer – notfalls in Form einer Zeitung – kann den Kontakt zum Luftelement herstellen.

Die Symbolik der Elemente

Element-Analogien

Unter Analogien versteht man Ähnlichkeiten bzw. «Verwandtschaften». Wenn wir Wut, Kampf, Leidenschaft, Sexualität, Liebe, Prostitution, Aufregung, Krisensituationen, Gefahren, Risiken, der Rose und Verführung eine Farbe zuordnen müssten, so würden die meisten Menschen aus unserem Kulturkreis sich vermutlich für die Farbe Rot entscheiden. Diese Zuordnung oder Ähnlichkeit nennt man eine Analogie. Wenn man so will, sind die Analogien die Attribute oder Eigenschaften eines Elementes oder Geistes. Um ein Element oder einen Geist bzw. ein Naturwesen oder auch ein Krafttier herbeizurufen, sollte man dessen Attribute bzw. Analogien so detailliert wie möglich kennen und nutzen, sie wirken wie ein Magnet, der die gewünschte Energie heraufbeschwört.

Wir alle kennen dies aus dem «normalen» Alltag: Zu einem romantischen Abend gehört elegante Kleidung, galantes Verhalten des Herrn, gepflegte Konversation und ein wenig Flirten, Kerzenschein, Wein, ein gutes Essen, Tanzen bei gedämpftem Licht und gefühlvolle Musik.

All diese Attribute sind nichts anderes als Analogien eines romantischen Abends.

Sinngemäß genauso verhält es sich im Schamanismus, in der Astrologie und der Magie …

Feueranalogien

Grundeigenschaften : Hitze, Ausdehnung, Licht
Farbe: Feuerrot
Ladung: Elektrisch
Körperregion: Der Kopf
Temperament: Cholerisch
Elementarwesen: Salamander, Feuergeister
Symbol: Stab
Geometrische Figur: Ein runder Punkt
Himmelsrichtung: Süden
Tageszeit: Mittag
Jahreszeit: Sommer
Positive Eigenschaften: Aktivität, Begeisterung, Eifer, Entschlossenheit, Mut, Schöpfungskraft, Strebsamkeit usw.
Negative Eigenschaften: Eifersucht, Reizbarkeit, Streitsucht, Unmäßigkeit, Aggression, Brutalität, Gewalt, Selbstzerstörung usw.
Räucherwerk: Koriander, Zimt, Nelke, Aloe, Sandelholz, Weihrauch, Kardamom, Zeder, Safran
Artverwandte Energien: Feuer, Sonne, Gold, Wüste, Sauerstoff, Tag, Samen, Alkohol (= Feuerwasser).
Das Feuer steht für den Willen des Menschen.

Wasseranalogien

Grundeigenschaften: Kälte, Zusammenziehung, Dunkelheit
Farbe: Grün
Ladung: Magnetisch
Körperregion: Der Bauch
Temperament: Melancholisch
Elementarwesen: Nixen, Undinen
Symbol: Kelch

Geometrische Figur: Ein gerader Strich
Himmelsrichtung: Norden
Tageszeit: Mitternacht
Jahreszeit: Winter
Positive Eigenschaften: Achtung, Barmherzigkeit, Bescheidenheit, Meditation, Zärtlichkeit, Liebe, Stille, Verzeihen, Ernst usw.
Negative Eigenschaften: Depression, Schüchternheit, Abhängigkeit, Trauer, Teilnahmslosigkeit, Gleichgültigkeit usw.
Räucherwerk: Lavendel, Rose, Myrte, Moschus, Muskatnuss, Salbei, Fenchel, Thuja, Vanille
Artverwandte Energien: Wasser, Mond, Silber, Nacht, Meditation, Quellen, Flüsse, Meer, Perlen, Stille
Das Wasser verkörpert das Gefühl des Menschen.

Erdanalogien

Grundeigenschaften: Materielle Stabilität, Schwere, Pragmatismus
Farbe: Braun
Ladung: Elektromagnetisch
Körperregion: Beine, Muskeln, Knochen
Temperament: Phlegmatisch
Elementarwesen: Zwerge, Gnome
Symbol: Die Scheibe, Schild, Münze
Geometrische Figur: Quadrat, Tetraeder
Himmelsrichtung: Westen
Tageszeit: Sonnenuntergang
Jahreszeit: Herbst
Positive Eigenschaften: Ansehen, Ausdauer, Gewissenhaftigkeit, Sachlichkeit, Zielbewusstheit, Bedachtsamkeit, Entschlossenheit usw.
Negative Eigenschaften: Fahrlässigkeit, Unbewusstheit, Schwerfälligkeit, Faulheit, Wortkargheit, Müdigkeit, Trägheit, Unentschlossenheit usw.
Räucherwerk: Benzoe, Myrrhe, Tanne, Wacholder, Schwarzer Weihrauch, Moos, Propolis
Artverwandte Energien: Erde, Steine, Höhlen, Trommeln, Essen, Schlafen, Sammeln, Reichtum, Wurzeln, Bitter, Salz
Das Erdelement steht für die Körperlichkeit des Menschen.

Luftanalogien

Grundeigenschaften: Wärme und Veränderlichkeit, Leichtigkeit, Bewegung
Farbe: Blau
Ladung: Neutral
Körperregion: Der Brustraum
Temperament: Sanguinisch
Elementarwesen: Elfen, Feen, Sylphen
Symbol: Schwert
Geometrische Figur: Das gleichseitige Dreieck
Himmelsrichtung: Osten
Tageszeit: Sonnenaufgang
Jahreszeit: Frühling
Positive Eigenschaften: Fleiß,

Freude, Gewandtheit, Klarheit, Optimismus, Kommunikationsfreude, Überzeugungskraft, Musik
Negative Eigenschaften: Geringschätzung, Tratschsucht, Überheblichkeit, Unehrlichkeit, nachtragend, Sprunghaftigkeit
Räucherwerk: Eukalyptus, Minze, Lorbeer, Anis, Kampfer, Ingwer, Birkenrinde und Laub
Artverwandte Energien: Luft, Berge, Morgenstunden, Musik, Tanz, Feste, Kommunikation, Rauch, Atmen, Singen
Die Luft verkörpert Intellekt und Kommunikationsfähigkeit des Menschen.

Die Macht der vier Elemente

So wendet man sie an

Im Schamanismus bedient man sich häufig der Kräfte und Energien der einzelnen Elemente. Jedes Element für sich hat eine eigene, ganz spezifische Prägung und wird aus diesem Grunde auch für genau festgelegte Ziele verwendet. Das Spüren, Erfühlen und Unterscheiden der einzelnen Energien sollte eine der ersten praktischen Übungen sein. Der bewusste und umsichtige Umgang mit Herd, elektrischen Geräten und Heizung (Feuer); Möbeln, Geld, Garten, U-Bahn, Gebäuden, Arbeit, Aufräumen der Wohnung (Erde); Dusche, Bad, Trinken, Abspülen (Wasser); Telefon, Schriftерzeugnissen, Zeitschriften, Büchern, Briefen, Partys, Festen, Konzerten, Transportmitteln (Luft) schafft ein erstes bewusstes Verhältnis zum Umgang mit den Elementen, ihren Kräften und Wirkungen.

Grundsätzlich sollte man sich den Elementen und ihren Kräften immer erst über behutsame Meditationen nähern, bevor man sich an Evokationen, also Herbeirufungen heranwagt. Erneut sei hier betont, dass der Leser alle Experimente auf eigene Verantwortung unternimmt und der Autor in keiner Weise Verantwortung für möglicherweise unerwünschte Ergebnisse übernimmt. Vorsicht und Respekt ist die richtige Herangehensweise, immerhin lässt man sich hier mit mächtigen Naturkräften ein.

Praktische Übung: Meditationen zu den vier Elementen

Die folgende Meditationsübung ist besonders gut für Anfänger geeignet, um ein allgemeines und grundsätzliches Gefühl für die uns umgebenden Elemente und ihre Eigenschaften zu geben. Sie hilft dem Schamanisierenden, sich zu zentrieren, zu sich selbst zu kommen, ein Gespür für die Anderswelt – die veränderte Wirklichkeit – zu entwickeln. In diesem Sinne kann sie jederzeit und überall ausgeführt werden. Selbst als reine Entspannungstechnik ist sie brauchbar. Du solltest keine Angst haben, etwas falsch zu machen und dich vielleicht nicht an alle Regeln korrekt zu halten: Dies ist deine Meditation! Führe sie so durch, wie es sich für dich am besten anfühlt, verlasse dich auf deinen Instinkt und deine Intuition! Fühlst du dich nach der Meditation gestärkt und erfrischt, hast du alles richtig gemacht. Hast du dagegen das Gefühl von Verkrampfung und Erschöpfung, bist du nicht auf die für dich richtige Weise vorgegangen.

Diese Meditation erfüllt allerdings noch drei weitere wichtige Funktionen: Sie ist ein hervorragendes Einstiegsritual, welches das Bewusstsein auf jede weiter gehende schamanische Arbeit vorbereitet. Zum Zweiten ist sie eine sehr wertvolle Hilfe, wenn wir die Energien eines (Kraft-)Ortes erspüren wollen: Gibt es hier Kräfte und Wesen, die uns helfen wollen, oder herrscht hier eine üble Atmosphäre, deren negativem Einfluss man sich besser so schnell wie möglich entzieht? Schließlich kann man mit entsprechender Übung durch diese Meditation bewusst Kontakt zu Elementarwesen herstellen und mit ihnen kommunizieren. Diese Fähigkeit stellt sich erfahrungsgemäß erst nach einer längeren Zeit der Übung ein, und man sollte hier auch nichts erzwingen wollen: Allzu schnell wird man sonst das Opfer der eigenen Einbildungen.

Schließe die Augen, lege die eine Handfläche auf das Herz, die andere auf den Bauchnabel. Atme langsam und tief. Lasse die Augen geschlossen und konzentriere dich:

auf die Erde: Spürst du, wie die Erde dich trägt? Nimm Verbindung nach unten auf. Danke den Geistern der Erde; und schick der Erde Kraft, während du gleichzeitig spürst, wie du selbst von ihr Kraft erhältst. Mit jedem Ausatmen lass die Energie aus deinem Körper in die Erde strömen. Bleibe einige Minuten bei dieser Vorstellung.

Auf den Himmel: Sitze möglichst aufrecht und spüre, dass du nicht nur mit der Erde, sondern auch mit dem Himmel verbunden bist. Mach dir bewusst, dass sich der Himmel über dir endlos ausdehnt. Lass mit jedem Ausatmen etwas Energie nach oben in den Himmel strömen und verbinde dies mit liebevollen Gedanken.

Auf die Umgebung: Stell dir mit geschlossenen Augen die Landschaft vor, in der du sitzt. Halte die Augen geschlossen. Sende den Naturgeistern deiner Umgebung Zuneigung. Beende die Meditation, indem du dich wieder auf dich selbst konzentrierst. Spüre noch einmal deinen Körper. Öffne die Augen. Wie fühlst du dich jetzt?

Hast du etwas Außergewöhnliches bemerkt? Haben sich deine Gedanken und Gefühle verändert?

Meditation auf ein einzelnes Element

Die Elementargeist-Meditationen helfen uns, uns unseres natürlichen Ursprungs bewusst zu werden. Die Geister von Erde, Wasser, Feuer und Luft können Schutzfunktionen ausüben. Sie unterstützen unsere Entwicklung und gleichen Disharmonien aus. Das Muster der Elementargeist-Meditationen ist sehr einfach: Zuerst machst du die oben beschriebene Einstiegsmeditation, dann

→ nähere dich dem Element deiner Wahl und lass Ruhe in deinem Geist entstehen,
→ werde dir der Qualitäten der Elementargeister bewusst,
→ bitte die Elementargeister, positive Veränderungen in deinem Bewusstsein vorzunehmen und Harmonie und Ausgleich zu schaffen.

Meditation über die Feuergeister

Die Energie der Feuergeister schenkt Wärme, Licht und Vitalität. Feuerfeen können Transformationsprozesse einleiten und eine gründliche Reinigung hervorrufen. Darüber hinaus verbinden sie uns mit der Kraft der Leidenschaft und Begeisterung. Führe Feuergeist-Meditationen nicht zu oft durch, denn

es werden dabei große Energien freigesetzt.
Die Macht des Feuers kannst du nutzen, wenn

- du das Gefühl hast, eine innere Reinigung zu brauchen,
- dein Lebensfeuer erloschen ist und es dir an Lebenslust und Begeisterung fehlt,
- dir das Licht in deinem Leben fehlt und du zu depressiven Verstimmungen neigst,
- du deine sexuelle Energie und deine Leidenschaft steigern willst,
- oft kalte Hände und Füße hast, an Durchblutungsstörungen oder Verdauungsproblemen leidest.

Für Feuergeist-Meditationen eignet sich ein Feuer im Kamin ebenso gut wie ein Lagerfeuer im Freien. Achte darauf, dass du nur an erlaubten Plätzen ein Feuer entfachst und keine Brandgefahr verursachst. Wenn du lieber ein sanfteres Feuer magst, dann meditiere vor einigen Kerzen. Feuergeister sind in Vulkangebieten besonders aktiv. Sie lieben den Sommer und drücken sich über die Energie der Sonne aus.

Übung

Setze dich an einen ruhigen Ort in die Sonne oder an ein offenes Feuer. Denke daran, dass die Energien der Feuergeister sehr intensiv sind. Bleibe deshalb nie zu lange in der Sonne und beachte beim Feuer alle üblichen Sicherheitsvorkehrungen, sonst könnte es sein, dass du eine unerwünschte Bekanntschaft mit der Gewalt der Feuergeister machst. Lass deine Gedanken zur Ruhe kommen, atme tief durch und entspanne dich und beobachte die Flammen.
Mit der Zeit kannst du vielleicht bestimmte Formen, Farben oder sogar Gesichter darin erkennen. Konzentriere dich auf die Wärme, lausche dem Krachen der Holzscheite und nimm das wohltuende Licht in dich auf.
Bitte die Feuergeister, deine Seele mit Licht, Wärme und neuer Begeisterung zu füllen. Lass es zu, dass die Geister des Feuers heilsame Veränderungen in deinem Bewusstsein vornehmen. Feuergeister können dich schnell in eine Art Trancezustand versetzen. Achte darauf, ob du innerlich Stimmen hörst oder Gestalten oder Gesichter siehst, und ergründe den Sinn, der in außergewöhnlichen Erscheinungen verborgen sein könnte. Kannst du in einen Bewusstseinszustand hineintauchen, in dem du Antworten auf deine Probleme findest?

Siehst du neue Möglichkeiten, mit mehr Begeisterung, Leidenschaft, Wärme und Licht zu leben?
Was muss jetzt endlich angepackt werden? Von welchen Dingen, Lebensthemen und Personen musst du dich trennen, um deine inneren Kräfte freizusetzen? Wo setzt du dich zu wenig durch? Wo musst du mehr kämpfen? Wo solltest du bereit sein, größere Opfer zu bringen? In welchen Bereichen solltest du dein Leben radikal ändern?
Auf all diese Themen können dir die Feuergeister Antworten geben. Beende diese Übung, indem du deinen Körper bewusst spürst. Atme tief durch und wende dich wieder der Außenwelt zu.

Meditation über die Erdgeister

Die Erdgeister verbinden dich mit der unendlichen Kraft der Erde. Sie aktivieren Weiblichkeit, Geborgenheit, Stabilität, Festigkeit und Vertrauen. Für die Erdgeist-Meditation solltest du unmittelbar auf der Erde sitzen oder barfuß im Gras oder auf Felsen stehen. Wichtig ist, den Boden direkt zu berühren.
Führe eine Erdgeist-Meditation durch, wenn du

→ dein Körperbewusstsein verbessern willst,
→ den Boden unter den Füßen verloren hast,

- zu wenig Vertrauen hast, dich nicht geborgen fühlst,
- die Mitte schnell verlierst oder leicht aus der Ruhe kommst,
- Probleme mit Zähnen, Knochen, Gelenken oder dem Bindegewebe hast,
- finanzielle Sorgen hast,
- zu weich bist.

Praktische Übung

Mach die am Anfang des Kapitels beschriebene Einstiegsmeditation zu den Elementen.

Dann stell dir einen Energiestrom vor, der aus der Erde in deinen Körper fließt, und lass die heilenden Erdkräfte wirken.

Bleibe einige Minuten bei dieser Übung. Kannst du die Anwesenheit der Erdgeister spüren? Fühlst du etwas Außergewöhnliches? Tauchen Farben, Gestalten oder Gesichter vor deinem inneren Auge auf? Spürst du, was dir im Leben Halt, Festigkeit und Stärke gibt? Fühlst du, in welchen Bereichen du deinen Standpunkt noch deutlicher vertreten musst und an welchen Stellen du dich einfach nur stur verhältst? Merkst du, in welchen Bereichen du mehr Realitätssinn und praktisches Verständnis entwickeln musst? Kannst du Dankbarkeit für deinen materiellen Wohlstand empfinden und gleichzeitig erkennen, wie bedeutungslos Besitzdenken und Angst vor Verlusten ist? Bist du körperlich geschwächt und möchtest wieder zu Kräften kommen?

Auf all diese Fragen und Lebensthemen kann dir das Erdelement antworten.

Beende diese Übung, indem du deinen Körper bewusst spürst. Atme tief durch und wende dich wieder der Außenwelt zu.

Meditation über die Wassergeister

Wassergeist-Meditationen führst du am Ufer eines Sees oder Flusses, am Strand, an einer Quelle, unter einer Dusche, in einer Badewanne oder an einem Teich durch. Wenn es warm genug ist, kannst du direkten Kontakt zum Wasser aufnehmen, indem du mit den Füßen oder dem ganzen Körper ins Wasser eintauchst.

Wassergeist-Meditationen führst du aus, wenn du

- das Gefühl hast, nicht im Fluss zu sein, sondern festzustecken,
- deinen Gefühlen mehr Ausdruck verleihen oder dir ihrer bewusster werden möchtest,
- einen Reinigungsprozess einleiten möchtest, um Kör-

per, Geist und Seele von negativen Ansammlungen zu befreien,

→ deine Intuition und deine Sensitivität stärken willst oder gern flexibler mit Menschen und Situationen umgehen würdest,

→ an Kreislaufproblemen oder unter Bluterkrankungen leidest.

Praktische Übung

Mach die am Anfang des Kapitels beschriebene Einstiegsmeditation zu den Elementen.

Komme so innerlich zur Ruhe und verbinde dich mit der Energie der Wassergeister. Betrachte die Farben des Gewässers; siehst du ein Glitzern auf der Wasseroberfläche? Lausche dem Klang des fließenden Wassers, dem Rauschen der Wellen, oder achte einfach auf alle Geräusche, die dich umgeben. Berühre das Wasser und atme seinen Duft ein. Schließe die Augen und bitte die Wassergeister, positive Veränderungen in deinem Bewusstsein zu bewirken. Spürst du, wie die reinigenden Energien der Wassergeister in dich hineinströmen? Lass es zu, dass diese Energien dich mit deiner Intuition verbinden und deine Sensitivität wecken.

Bleibe einige Minuten bei dieser Übung. Spürst du die Atmosphäre

der Wassergeister? Tauchen Stimmen, Gesichter, Gestalten oder Farben in dir auf?
Spürst du deine wahren Wünsche und Gefühle? Wird dir bewusst, worüber du dir bisher im Unklaren warst? Spürst du, welche Menschen du innerlich loslassen musst, damit sie und du ihren Weg gehen können? Bist du im Fluss mit dem Urvertrauen, dass sich alles so verändert und fügt, wie es sein muss und richtig ist? Kannst du dich sicher fühlen, obwohl du spürst, dass es keine unveränderlichen Sicherheiten gibt? Kannst du es innerlich zulassen, dass es Dinge gibt, die du nur annehmen, aber niemals verändern kannst?
Bei all diesen Themen kann dir das Wasserelement und seine Erscheinungsformen weiterhelfen.
Um die Übung zu beenden, konzentriere dich kurz auf deinen Körper und atme tief einige Male durch, bevor du dich wieder deiner Umwelt zuwendest.
Hat die Meditation etwas verändert? Fühlst du dich anders als zu Beginn der Übung?

Meditation über die Luftgeister

Luftgeister verbinden dich mit dem Geist der Freiheit. Sie machen den Geist weit und schenken Leichtigkeit. Sie lassen neue Ideen entstehen und aktivieren die Inspirationskraft.
Luftgeist-Meditationen sind hilfreich, wenn

- du dich in deinem Leben eingeengt fühlst, sei es durch äußere Umstände oder innere Zwänge,
- es dir an Leichtigkeit fehlt und du zu vieles zu ernst nimmst,
- du beruflich auf neue, kreative Ideen angewiesen bist und es dir an Inspiration fehlt,
- du deine Lebensenergie anregen, dein Bewusstsein erweitern willst,
- deine Atmung behindert ist und du an Asthma oder Lungenerkrankungen leidest,
- du nach neuen Freunden, Kollegen, Mitarbeitern suchst.

Um die Luftgeist-Meditation durchzuführen, musst du einen Ort mit klarer Luft finden. In den Bergen und an der See sind die Voraussetzungen gut, ebenso dort, wo viele Pflanzen wachsen, wie z. B. im Wald, möglichst an einem windigen oder auch stürmischen Tag.
Wähle einen ruhigen Ort, an dem du ungestört bist. Zur Not funktioniert auch ein Sauerstoffgerät in der Wohnung.

Praktische Übung

Mach die am Anfang des Kapitel beschriebene Einstiegsmeditation zu den Elementen.
Sobald du dich in Trance befindest, nimm Kontakt zu den Geistern der Luft auf. Lass deine Alltagsgedanken los und öffne deine Sinne.
Höre, was das Rauschen des Windes dir sagen will. Schau in den Himmel, beobachte die Wolken, spüre die Luft auf deiner Haut.
Sprich auf deine Weise mit den Luftgeistern. Bitte sie, dir neue Energien und Inspiration zu spenden, deinen Geist weit und deine Gedanken frei zu machen.
Konzentriere dich einige Minuten auf deinen Atem. Über den Atem nimmst du die Energie der Luftgeister auf. Lass mit jedem Atemzug Belastendes los, und nimm mit dem Einatmen frische, neue Kräfte auf.
Nimmst du Botschaften wahr? Erkennst du Gestalten oder Gesichter in den Wolken? Fallen dir außergewöhnliche Dinge auf? Hörst du beispielsweise besondere Klänge, siehst du eigenartige Wolkenformen? Achte daher vor allem darauf, ob sich deine Gedankengänge verändern.
Fallen dir Lösungen zu Problemen ein, die du schon lange mit dir herumschleppst? Kommen dir neue Ideen, die dich privat oder beruflich weiterbringen könnten? Spürst du alte Muster, die dich nur einengen

und die du endlich aufgeben möchtest? Falls du rauchst: Merkst du, wie du deinen Körper vergiftest und dir selbst damit Schmerzen zufügst? Wenn du etwas schreiben musst: Fallen dir gute und originelle Formulierungen ein?
Beende diese Meditation, indem du deinen Körper spürst. Strecke dich und wende dich wieder der Außenwelt zu.

Praktische Übung: Körperhaltungen

Wenn du mit der Anfängermeditation gute Erfolge erzielt hast, kannst du mit den folgenden Körperhaltungen recht leicht «richtige» Elementargeister herbeirufen, die dann auch vor deinem geistigen Auge sichtbar werden und gerne mit dir kommunizieren. (Siehe folgendes Kapitel.) Vermeide, dass dich jemand bei der Durchführung der Evokation beobachtet. An der von dir bevorzugten Meditationstechnik verändert sich nichts, es werden nur andere Haltungen angenommen. Etwas schwieriger wird die Meditation, weil sie im Stehen durchgeführt wird. Bis man dies sicher beherrscht, kann man die Haltungen jedoch auch an einen Baum oder eine Wand angelehnt durchführen oder die Positionen auch im Liegen einnehmen.
Die beschriebenen Haltungen sind uralt und finden sich zum Teil schon auf Höhlenzeichnungen des Steinzeitmenschen. Unabhängig von schamanischen und magischen Traditionen hat Felicitas Goodman ihr Lebenswerk der Erforschung von bestimmten Körperhaltungen und ihrer Wirkung auf Trancereisen gewidmet. Wer sich näher mit diesem Gebiet beschäftigen möchte, sei deshalb auf ihre zahlreichen Publikationen verwiesen.
Grundsätzlich ist es sehr wichtig, dass, wenn eine bestimmte Haltung für eine Schamanenreise eingenommen wurde, diese während der Reise exakt, bewegungslos, eingehalten wird.

Das Zeichen der Gnomen (Nr. 1)

ist das Zeichen des Elements Erde. Es wird durch Erheben des rechten Armes im Winkel von 45 Grad gestellt. Frauen führen diese Haltung mit dem linken Arm aus.

Die «Haltung der Gnomen». Diese Haltung ist praktisch identisch mit der ca. 30 000 Jahre alten Statuette vom Galgenberg, die erst 1988 entdeckt wurde. Experimente von Felicitas Goodman und ihren Schülern ergaben, dass es sich hier um eine überaus machtvolle Haltung handelt, die sowohl für das Bereisen der Unter- als auch der Oberwelt geeignet ist.

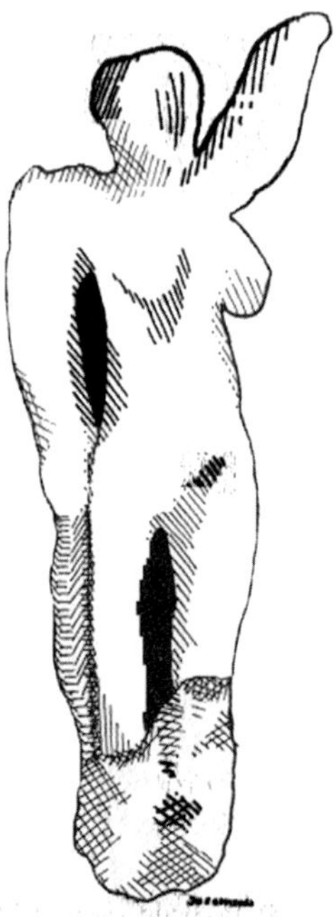

Das Zeichen der Sylphen (Nr. 2) ist das Zeichen des Elements Luft. Die Füße stehen zusammen, beide Arme werden erhoben und wieder gesenkt, mit dem Handteller nach oben, als ob ein Gewicht darauf ruhe. Es ist auch das Zeichen des griechischen Gottes Atlas, der das Universum auf seinen Schultern trug.

Das Zeichen der Undinen (Nr. 3) ist das Zeichen des Elements Wasser. Es wird mit zusammengelegten Händen gebildet, indem man die Arme hebt, bis die Ellbogen auf gleicher Höhe mit den Schultern sind. Dann bildet man aus Daumen und Zeigefingern ein Dreieck – mit der Spitze nach unten – vor der Brust.

Das Zeichen der Salamander ist das Zeichen des Elements Feuer. Es wird durch Erheben der Hände zur Stirn dargestellt. Außerdem wird mit Daumen und Zeigefingern ein Dreieck – mit der Spitze nach oben – gebildet.

Praktische Übung: Wie man schamanisch den Kontakt zu den Elementen herstellt

Wie man schamanisch den Kontakt zum Feuerelement herstellt

Nehmen wir an, du leidest unter Antriebs-, Willens- und Durchsetzungsschwäche, du bist vielleicht melancholisch und mutlos und kannst dich für nichts recht begeistern; leidest nach schulmedizinischer Diagnose vielleicht gar unter einer handfesten Depression. Die Ursache sind hier mangelnde Zielvorstellungen und fehlender Ehrgeiz, wenn der Weg des Feuerelements der geeignete sein soll, denn Ursachen für depressive Verstimmungen gibt es viele, und sie finden ihre jeweilige Entsprechung bei jedem Element. Abgesehen davon, dass du die Möglichkeiten der modernen Medizin hier unbedingt nutzen solltest, kannst du deinen Zustand zusätzlich dramatisch durch die aktive Arbeit mit dem Feuerelement verbessern. Dies sollte zum einen durch eine Anpassung alltäglicher Verhaltensweisen geschehen, durch die oben beschriebenen Meditationen, als auch durch rituelle Handlungen im schamanischen Bewusstseinszustand (einer Form der Trance, die im nachfolgenden Kapitel genau beschrieben wird). Wenn du meinst, für diese Übungen, die insgesamt weniger als eine halbe Stunde am Tag beanspruchen, nicht genügend Zeit zu haben, dann solltest du das Buch hier zuklappen, es wegwerfen oder verschenken: Wer ernsthaft etwas an seinem Leben verändern möchte, findet auch die Zeit hierzu.

Trotz aller Hinweise und Tipps ist es unerlässlich, dass du lernst, dich auf deine Intuition zu verlassen und Rituale deinen eigenen Bedürfnissen anzupassen und entsprechend zu verändern. Habe den Mut, herauszufinden, was dir gut tut und was bei dir besonders gut funktioniert, unabhängig von Lehrmeinungen und Lehrbüchern.

Kehren wir zur Ausgangssituation zurück: Du willst im Alltagsleben deine Beziehung zum Feuerelement stärken. Nimm die Tabelle der Feueranalogien zur Hand (die sich natürlich noch ergänzen und erweitern ließe, wie bei den anderen Elementen auch).

Die dem Feuer zugeordnete Farbe ist naheliegenderweise Feuerrot. Also trage für einige Wochen bevorzugt rote Kleidungsstücke, die auf dich selbst auch einen «feurigen», sprich temperamentvollen, erotischen oder sogar leicht lasziven Eindruck machen, wobei Frauen naturgemäß im Vorteil sind, was die Kleiderwahl angeht. Als Frau kannst du eine Tikka tragen (ein roter Punkt auf der Mitte der Stirn). Verhalte dich körperbetont, bewege dich viel und energisch, im Zweifel durchaus mit herrischen Zügen. Deine Umgebung sollte nicht den Eindruck haben, dass du Widerspruch klaglos hinnimmst. Gehe in ein Fitness-Studio und betreibe regelmäßig Krafttraining (kein Ausdauertraining!). Als Mann solltest du unter fachkundiger Anleitung das schnellstmögliche Wachstum deiner Muskeln anstreben. Benutze als Rasierwasser eines mit Sandelholzduft. Trinke öfter einmal einen Schnaps oder Cognac.

Besorge dir ein Messer, das du immer mit dir führst. Dies kann ein richtiger Dolch sein, den du wie ein Pfadfindermesser trägst, zur Not tut es auch die Winzausgabe der berühmten Schweizermesser.

Versuche so oft wie möglich, dich zur Mittagszeit im Freien aufzuhalten, am besten täglich. Wenn du diese Übung im Sommer durchführst, wird sie dir noch leichter fallen und erfolgreicher sein. Setze dich bei jeder möglichen Gelegenheit mit der Blickrichtung nach Süden, wenn du die Himmelsrichtungen nicht im Kopf hast, schaffe dir zu diesem Zweck einen Kompass an. Setze deinen Kopf durch, wann immer dies möglich ist, und scheue dich nicht, durch cholerische Anfälle aufzufallen. Ziel der Übung ist es schließlich, dass man sich nach dir richtet und nicht umgekehrt. Vermeide Diskussionen, dulde keinen Widerspruch.

Irgendwo an der Südseite deiner Wohnung kannst du einen gut sichtbaren roten Punkt an die Wand hängen, im Idealfall an oder auf den Badezimmerspiegel, damit du das Symbol mit Sicherheit mehrmals täglich siehst. Unmittelbar nach dem Aufstehen und vor dem Schlafengehen nimm die Haltung der Salamander ein! Wichtig ist, diese Übung so lange bewusst durchzuführen, bis sie dir in Fleisch und Blut übergegangen ist, du dich also nicht mehr daran erinnern musst, dass du in einer Gaststätte einen Stuhl mit Blickrichtung nach Süden wählst, sondern dies selbstverständlich und automatisch tust. Spätestens ab diesem Zeitpunkt wirst du mit Sicherheit erstaunliche Resultate feststellen: Selbstwertprobleme lösen sich in Wohlgefallen auf, man bringt dir mehr Respekt entgegen, du sprühst vor Energie, Tatendrang und Ideen.

Jetzt wird es langsam, aber sicher Zeit, die Übung abzubrechen, du hast vorerst erhalten, was du wolltest, und solltest dich nun neuen Aufgaben stellen. Ein wichtiger Punkt ist, sich beim Feuerelement für die erhaltene Unterstützung angemessen zu bedanken: Führe z. B. Räucherungen mit den für das Feuerelement passenden Substanzen durch, verbrenne Dinge, die du nicht mehr brauchst, übernimm für einen hilfsbedürftigen Menschen eine schwere Arbeit.

Praktisch jeder, der diese Übung unvoreingenommen einige Wochen durchgeführt hat, wird von der Intensität der Wirkung verblüfft oder sogar irritiert sein. Mit der neu gewonnenen Sicherheit im Rücken, dass «es funktioniert», solltest du nach einer etwa 14-tägigen Pause dich dem nächsten Element zuwenden.

Praktische Übung: Wie man schamanisch den Kontakt zum Wasserelement herstellt

Nehmen wir an, du leidest unter Stimmungsschwankungen, Passivität, Lustlosigkeit oder gar einer Abhängigkeit, die auch emotionaler Natur (vor allem Partnerschaftsprobleme) sein kann. Du fühlst dich möglicherweise ungeliebt und deshalb minderwertig, kannst dich vielleicht aus einer Bindung nicht lösen oder auch nur einem alten Freund nicht die Meinung sagen. Die Ursache all deiner Schwierigkeiten sind Störungen deines Gefühlslebens. Du magst dich nicht genug und das, was du tust. Vielleicht hast du sogar schon völlig «vergessen», was dir Freude macht und was dir missfällt. Um dein Gefühlsleben wieder in Fluss zu bringen kann dir das Wasserelement helfen. Dies sollte zum einen durch eine Anpassung alltäglicher Verhaltensweisen geschehen, durch die oben beschriebenen Meditationen als auch durch rituelle Handlungen im schamanischen Bewusstseinszustand (einer Form der Trance) und andere Übungen, die im nachfolgenden Kapitel genau beschrieben werden. Falls du den vorherigen Abschnitt schon gelesen hast, weißt du bereits Bescheid: Wenn du glaubst, für diese Übungen, die insgesamt weniger als eine halbe Stunde am Tag beanspruchen, nicht genügend Zeit zu haben, dann solltest du das Buch hier zuklappen, es wegwerfen oder verschenken: Wer ernsthaft etwas an seinem Leben verändern möchte, findet auch die Zeit hierzu.

Trotz aller Hinweise und Tipps ist es wichtig, dass du lernst, deine Intuition zu spüren und Rituale deinen ganz eigenen Bedürfnissen anzupassen und entsprechend zu verändern. Habe den Mut, herauszufinden, was dir gut tut und was bei dir besonders gut funktioniert, unabhängig von Lehrmeinungen und Lehrbüchern.

Du willst also im Alltagsleben deine Beziehung zum Wasserelement stärken. Nimm die Tabelle der Wasseranalogien zur Hand. Die dem Wasserelement zugeordnete Farbe ist Grün (Blau ist schon für die Luft vergeben). Also trage für einige Wochen bevorzugt grüne Kleidungsstücke, die auf dich selbst auch einen fließenden, sprich unangreifbaren, tiefgründigen Eindruck machen. Verhalte dich unangreifbar, geheimnisvoll und undurchschaubar, ohne dabei arrogant zu wirken. Wenn deine Umgebung irritiert ist und nicht recht weiß, was sie von dir halten soll, dann machst du alles richtig. Gehe jedem Streit aus dem Weg, ohne von deinem Standpunkt abzurücken (den nach Möglichkeit sowieso keiner kennen sollte). Umgib dich mit einer Aura von Liebenswürdigkeit und Zärtlichkeit, ohne Anlass zu falschen (vor allem sexuellen) Hoffnungen zu geben. Trage als Frau Perlen. Benutze ein Parfüm bzw. ein Rasierwasser mit einem

leichten Lavendelduft. Alternativ kannst du Moschus verwenden, wobei du auch hier besonders darauf achten musst, erotischen Avancen aus dem Weg zu gehen.
Meide Alkohol, trinke viel stilles Mineralwasser. Besorge dir einen Kelch, aus dem du daheim trinkst. In Lokalen lasse dir dein Mineralwasser in einem Cognacglas servieren.
Irgendwo an der Nordseite deiner Wohnung kannst du einen gut sichtbaren grünen Strich an die Wand hängen, im Idealfall an oder auf den Badezimmerspiegel, damit du das Symbol mit Sicherheit mehrmals täglich siehst. Unmittelbar nach dem Aufstehen und vor dem Schlafengehen nimm die Haltung der Undinen ein!
Versuche so oft wie möglich, dich nachts wenigstens für kurze Zeit im Freien aufzuhalten, am besten als tägliche Übung, oder werde gleich zum Nachtschwärmer. Wenn du diese Übung im Winter durchführst, wird sie dir noch leichter fallen und erfolgreicher gelingen. Hast du nach einigen Wochen dein Ziel ganz oder doch zum großen Teil erreicht, wird es Zeit, die Übung abzubrechen, du hast vorerst erhalten, was du wolltest, und solltest dich nun neuen Herausforderungen stellen. Ein wichtiger Punkt ist, sich beim Wasserelement für die erhaltene Unterstützung angemessen zu bedanken: Führe z. B. Räucherungen mit den für das Wasserelement passenden Substanzen durch.
Spende einem einsamen oder depressiven Menschen Trost.

Praktische Übung: Wie man schamanisch den Kontakt zum Erdelement herstellt

Nehmen wir an, du wünschst dir mehr Ansehen, Ausdauer, Gesundheit, Gewissenhaftigkeit, Sachlichkeit, Zielbewusstheit, Bedachtsamkeit, Entschlossenheit oder auch nur materiellen Wohlstand. Hier ist es nahe liegend und hilfreich, sich mit dem Erdelement und damit mit den Wesen, die es verkörpern, anzufreunden. Dies kann durch eine Anpassung alltäglicher Verhaltensweisen an das Erdelement geschehen wie auch durch rituelle Handlungen im schamanischen Bewusstseinszustand (einer Form der Trance, die im nachfolgenden Kapitel genau beschrieben wird). Besonders effizient ist es natürlich, wenn man beide Techniken miteinander verbindet.
Du willst deine Beziehung zum Erdelement stärken. Nimm die Tabelle der Erdanalogien zur Hand. Die der Erde zugeordnete Farbe ist Braun. Also trage für einige Wochen bevorzugt braune Kleidungsstücke, die auf dich selbst auch

einen erdigen Eindruck machen. Dies kann z. B. Trachten- oder Lederkleidung sein. Modisches ist hier «mega-out», zeitloses Styling «in». Trage Orden und Medaillen, als Kette gefasste Goldmünzen u. Ä. Versuche so oft wie möglich, dir den Sonnenuntergang anzusehen, am besten machst du das zu einer täglichen Übung. Wenn du diese Übung im Herbst durchführst, wird sie dir noch leichter fallen und erfolgreicher sein. Setze dich bei jeder möglichen Gelegenheit mit der Blickrichtung nach Westen; wenn du die Himmelsrichtungen nicht im Kopf hast, schaffe dir einen Kompass an.

Meide hektische Aktivitäten, gehe zum Stammtisch, Trachtenverein, Kegelklub oder ins Bierzelt. Bewege dich langsam und bedächtig, rede nicht schnell – kurzum, nimm dir die Niederbayern temporär zum Vorbild. Männer sollten sich für die Zeit der Übung einen Vollbart wachsen lassen.

Irgendwo an der Westseite deiner Wohnung kannst du ein gut sichtbares braunes Pentagramm in einem Kreis an die Wand hängen, im Idealfall an oder auf den Badezimmerspiegel, damit du das Symbol mit Sicherheit mehrmals täglich siehst. Unmittelbar nach dem Aufstehen und vor dem Schlafengehen nimm die Haltung der Gnomen ein. Wichtig ist, dass du diese Übung so lange bewusst durchführst, bis sie dir in Fleisch und Blut übergegangen ist.

Spätestens ab diesem Zeitpunkt wirst du mit Sicherheit erstaunliche Resultate feststellen: finanzielle und nervöse Probleme lösen sich in Wohlgefallen auf, dein Ansehen und deine Zielstrebigkeit sind gestiegen und du bist widerstandsfähiger und gesünder. Jetzt wird es langsam, aber sicher Zeit, die Übung abzubrechen, du hast erhalten, was du wolltest, und solltest dich nun neuen Aufgaben zuwenden. Ein wichtiger Punkt ist, sich beim Erdelement für die erhaltene Unterstützung angemessen zu bedanken: Führe Räucherungen mit den für das Erdelement passenden Substanzen durch. Spende von deinen neuen Einkünften regelmäßig für einen guten Zweck. Letzteres ist besonders wichtig.

Praktische Übung: Wie man schamanisch den Kontakt zum Luftelement herstellt

Nehmen wir an, du willst einen Menschen oder eine Situation, ein Problem besser verstehen, oder du möchtest deine Gedanken besser formulieren und erklären können. Hier ist es nahe liegend und hilfreich, sich mit dem Luftelement und damit mit den Wesen, die es verkörpern, anzufreunden. Dies kann zum einen durch eine Anpassung alltäglicher Verhaltensweisen geschehen wie auch durch rituelle Handlungen im schamanischen Bewusstseinszustand (einer Form von Trance, die im nachfolgenden Kapitel genau beschrieben wird). Besonders effizient ist es natürlich, wenn man beide Techniken miteinander verbindet.

Auch wenn wir instinktiv dazu neigen, Sicherheit in besonders eindeutigen «Bedienungsanleitungen» zu suchen, so ist es doch gerade für einen Stadtschamanen wichtig, sich auf seine Intuition zu verlassen und Rituale seinen eigenen Bedürfnissen anzupassen und zu verändern. Es dauert eine Weile, bis man seine persönlichen Rituale entwickelt und ein sicheres Gefühl dafür hat, was für einen persönlich funktioniert und was nicht. Meine grundsätzliche Empfehlung ist allerdings, Techniken, die sich bewährt haben, beizubehalten, bis sie einem in Fleisch und Blut übergegangen sind, und nicht zu oft und zu viel zu variieren.

Kehren wir zur Ausgangssituation zurück: Du willst im Alltagsleben deine Beziehung zum Luftelement stärken. Hier nimmst du einfach die Tabelle der Luftanalogien zur Hand (die sich übrigens fast beliebig ergänzen ließe, wie bei den anderen Elementen auch). Die der Luft zugeordnete Farbe ist Blau. Also trägst du für einige Wochen bevorzugt blaue Kleidungsstücke, die auf dich selbst auch einen «luftigen» Eindruck machen. Halte dich besonders gerade, «Brust raus, Bauch rein», damit du besonders leicht und tief atmen kannst. Natürlich sollte auch allzu enge Kleidung, die Brust und Bauch einschnürt, gemieden werden.

Besorge dir einen geeigneten Stab, den du immer mit dir führst. Dies kann ein Wander- oder Spazierstock sein, zur Not genügt aber bereits ein besonderer Stift, Füller oder Kugelschreiber, den du eigens und ausschließlich zu diesem Zweck anschaffst und benutzt.

Versuche so oft wie möglich, dir den Sonnenaufgang anzusehen, am besten machst du dies zu einer täglichen Übung. Wenn du diese Übung im Frühling durchführst, wird sie dir noch leichter fallen und erfolgreicher sein. Setze dich bei jeder möglichen Gelegenheit mit der Blickrichtung nach Osten, wenn du die Himmelsrichtung nicht im Kopf hast, schaffe dir zu diesem Zweck einen Kompass an.

Gehe so oft wie möglich auf Partys, tanze, höre viel Musik und besuche Konzerte. Mache von Telefon und Handy eifrig Gebrauch und telefoniere so oft und viel wie möglich mit Menschen, mit denen du dich einfach gerne unterhältst, ohne da-

mit einen besonderen Zweck zu verbinden.
Irgendwo an der Ostseite deiner Wohnung kannst du ein gut sichtbares Dreieck an die Wand hängen, im Idealfall an oder auf den Badezimmerspiegel, damit du das Symbol mit Sicherheit mehrmals täglich siehst. Unmittelbar nach dem Aufstehen und vor dem Schlafengehen nimmst du die Haltung der Sylphen ein. Wichtig ist, dass du diese Übung so lange bewusst durchführst, bis sie dir in Fleisch und Blut übergegangen ist, du dich also nicht mehr daran erinnern musst, dass du in einer Gaststätte einen Stuhl mit Blickrichtung nach Osten wählst, sondern dies selbstverständlich und automatisch tust. Spätestens ab diesem Zeitpunkt wirst du mit Sicherheit erstaunliche Resultate feststellen: Mentale Probleme lösen sich in Wohlgefallen auf, neue, viel versprechende Kontakte und Bekanntschaften haben sich ergeben, deine gesamte Lebenseinstellung ist optimistischer usw. Jetzt wird es langsam, aber sicher Zeit, die Übung abzubrechen, du hast vorerst erhalten, was du wolltest, und solltest dich nun neuen Aufgaben stellen. Ein wichtiger Punkt ist, sich beim Luftelement für die erhaltene Unterstützung angemessen zu bedanken: Führe z. B. Räucherungen mit den für das Luftelement passenden Substanzen durch, rufe einen einsamen Menschen an, schreibe jemandem einen langen Brief, der sich besonders darüber freut.

Praktisch jeder, der diese Übungen unvoreingenommen einige Wochen durchgeführt hat, wird von der Intensität der Wirkung verblüfft oder sogar irritiert sein. Mit der neu gewonnenen Sicherheit im Rücken, dass «es funktioniert», solltest du nach einer 14-tägigen Pause dich dem nächsten Element zuwenden. Du wirst die Erfahrung machen, dass du bei einem oder mehreren Elementen bei geringem Aufwand nahezu atemberaubende Ergebnisse erzielst, während es bei mindestens einem eher «so lala» klappt oder gar die eine oder andere negative Wirkung eintritt. Dies ist nur natürlich, denn jeder Mensch hat zu seinem oder mehreren Elementen von Natur aus einen guten Draht, während ihm andere eher fremd sind. Um eine ausgeglichene Persönlichkeit und entsprechende Fähigkeiten zu entwickeln, sollen gerade die Elementeübungen, die anfangs nicht so gut klappen, öfter wiederholt und vertieft werden, bis man sich mit ihnen «angefreundet» hat.

Kraftplätze

Wie sie wirken
und wie man sie findet

Was sind Kraftplätze?

Kraftplätze sind, wie der ein wenig pathetische Name ja schon nahe legt, Orte, die besondere Kräfte (Lebensenergie, Förderung außersinnlicher Wahrnehmung, Willensstärkung usw.) besitzen, die sich ein sensitiver Mensch zunutze machen kann, um innerlich «aufzutanken». Jeder wird schon einmal die Erfahrung gemacht haben, dass z. B. die Ruhe einer alten Kapelle oder die Atmosphäre einer Waldlichtung eine besondere Wirkung auf ihn gehabt hat. Um nichts anderes geht es bei der Idee der Kraftplätze, deren Wirkung ein Schamane sich bewusst zunutze macht. Denn hier kann er leichter seine Rituale ausführen, heilen und «reisen».

Kraftplätze gibt es überall, und sie lassen sich auch leicht erschaffen, selbst in der Stadt. Es folgt nun eine grundsätzliche Einführung über Kraftplätze, wobei du niemals vergessen solltest: Im Schamanismus gibt es keine objektiven Regeln, Vorschriften, Bedienungsanleitungen, Uniformen. Was für dich ein Kraftplatz ist, bestimmst ganz allein du selbst bzw. musst du persönlich herausfinden. Die folgenden Ausführungen sollen dir daher nur ein grundsätzliches Gespür dafür vermitteln, was für dich ein Kraftplatz sein könnte.

Die in manchen Kreisen beliebten Kraftplatzreiseführer, am besten inklusive organisierter Busreise, können einem wahren Schamanen noch nicht einmal ein müdes Lächeln abringen.

«Überpersönliche» oder gar «objektive» Kraftplätze sind Orte, an denen sich die kosmische Energie der Erde konzentriert. Solche Orte finden sich oft in abgelegenen, unzugänglichen Gegenden in der Natur, an Stellen, an denen ungewöhnliche, beeindruckende und die Jahrhunderte überdauernde Gebäude errichtet wurden wie Kirchen, Tempel oder auch Grabmäler. Auf Kraftplätze, die die Natur selbst hervorgebracht hat, wird im folgenden Unterkapitel näher eingegangen.

Kraftplätze finden sich überall. Voraussetzung dafür ist die Bereitschaft, auch scheinbar unspektakuläre, alltägliche Orte als solche zu erkennen: eine Ecke in deiner Wohnung, die Energie konzentriert, ein Zimmerdurchgang, vielleicht der Sitzplatz am Fenster, an dem du dein Frühstück einnimmst, während die Sonne aufgeht. Sensibilität und Offenheit, die nicht gleichbe-

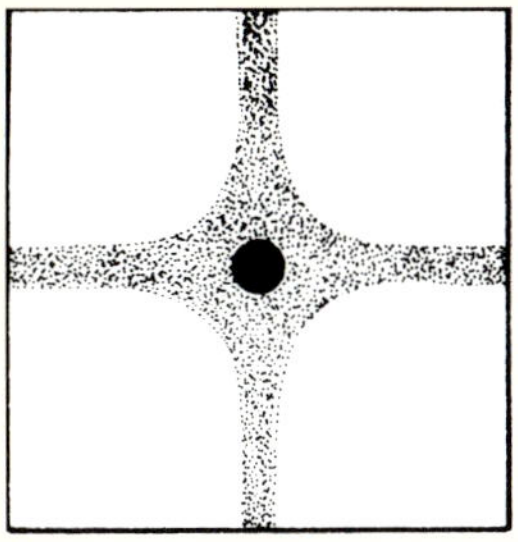

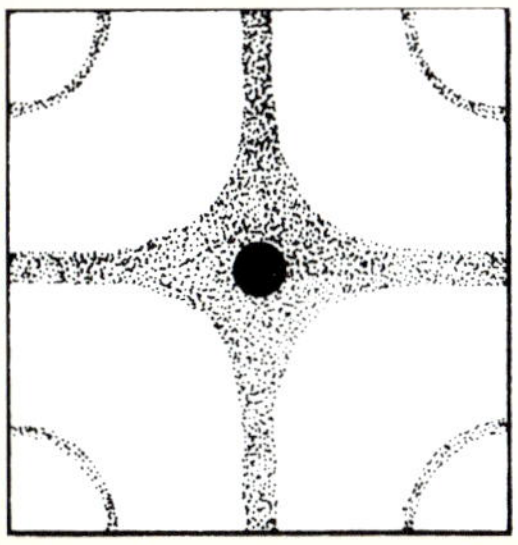

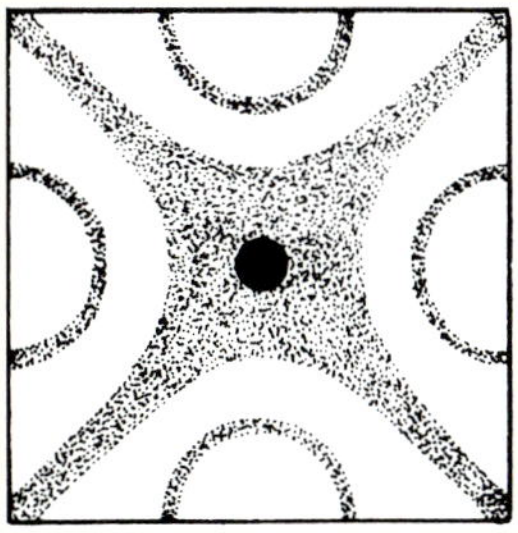

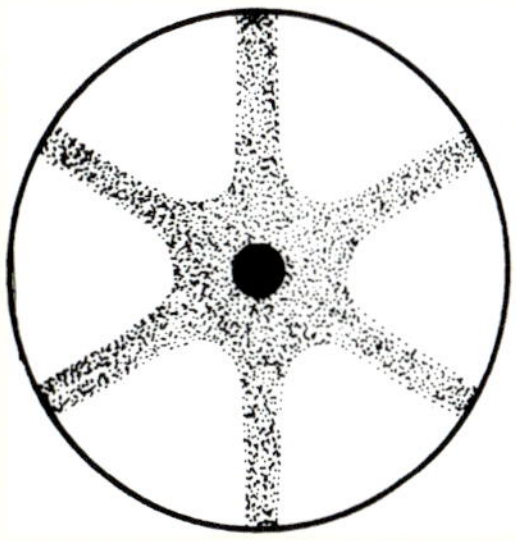

deutend sind mit mystischer Schwärmerei, sind die Voraussetzungen, die ein Stadtschamane mitbringen muss, um auf seinen Streifzügen durch die Straßen die Plätze oder auch nur den einen Platz zu finden, dessen Energien in Resonanz zu den eigenen Schwingungen stehen. Den Möglichkeiten, den für sich selbst geeigneten Ort zu finden, sind keine Grenzen gesetzt: Er kann sogar auf einer Müllhalde zu finden sein, an einer Straßenkreuzung, in einem verfallenen Haus oder auch in einem ganz neu erbauten Gebäude. Parks sind immer besondere Kraftplätze innerhalb von Städten, da sich dort nicht nur die kosmische Energie der Erde konzentriert.
Untersuchungen haben ergeben, dass die Erwartungshaltung, mit welcher der Mensch an echte oder vermeintliche Kraftplätze herantritt, eine wesentliche Rolle spielt. Echte Kraftorte erzeugen auch bei den Menschen Wirkungen, die nicht wissen, dass sie sich an einem solchen befinden, also auch bei jenen, die dem Thema Kraftorte skeptisch gegenüberstehen. Hier werden die entsprechenden Wirkungen jedoch häufig mit dem Verstand wegerklärt und auf einfache, nachvollziehbare Ursachen verschoben, sodass die eigentliche Wirkung sich nicht nutzbringend entfalten kann. Umgekehrt gibt es

immer wieder Menschen, die beeindruckende Erfahrungen machen, weil sie glauben, sich an einem echten Kraftplatz zu befinden, obwohl «objektive» Kriterien dagegen sprechen. Wer die Energie von Kraftorten für sich nutzen oder vielleicht sogar eigene für sich entdecken will, sollte sich deshalb möglichst offen, unvoreingenommen und ohne eine besondere Erwartungshaltung mit ihnen beschäftigen.
Ein Phänomen, das im vorletzten Jahrhundert erstmals in England entdeckt wurde, besteht darin, dass Kraftplätze von Kraftlinien durchzogen sind, die sie mit anderen Kraftplätzen verbinden. Ähnlich den Chladin'schen Klangmustern, die entstehen, wenn man z. B. ein mit feinem Sand bestreutes Blech in Schwingung bringt, bilden sich durch die unterschiedliche Erdenergie Strukturen auf der Erdoberfläche, die unterschiedliche Energiezustände bergen.
Interessant bei Kraftplätzen ist die besondere Eigenschaft von Kristallen, Informationen über große Distanzen und Zeiträume speichern zu können. Kristalle sind quasi mobile kleine Kraftplätze. Dies macht sie als schamanische Werkzeuge und Bestandteile von Hausaltären besonders geeignet. Wenn du an einem Kraftplatz eine für dich besonders geeignete Energie spürst, ihn aber, z. B. aufgrund der Entfernung von deinem Wohnort, nicht regelmäßig aufsuchen kannst, nimm dir einen gereinigten Bergkristall mit, vergrabe ihn an deinem Kraftplatz und lasse ihn einige Wochen dort. Merke dir die Stelle gut, damit du ihn auch wiederfindest! Wenn du ihn abholst, hat er die Energie des Platzes aufgenommen und gibt sie unablässig an dich und die Umgebung weiter. Wenn du ihn brauchst, kannst du ihn immer mit dir führen und von seiner Kraft profitieren. Gib ihn nicht aus der Hand! Verpacke ihn am besten in eine kleine schwarze Samttasche und vermeide, dass andere Menschen ihn berühren. Nach Monaten oder Jahren mag der Stein seine Kraft verlieren, dann wiederhole einfach den Vorgang. Vergiss nie, dich an deinem Kraftplatz zu bedanken!
Was immer ein Mensch glaubt und wovon er überzeugt ist, wird intensiviert, und Kraftplätze können auch entstehen, indem ein oder mehrere Menschen ihre Energie an diesem Ort konzentrieren. So können Heilungssuchende die Stärkung ihrer Selbstheilungskräfte erfahren, aber genauso neonazistische Spinner an einem germanischen Runenstein ihren inneren Reichsparteitag feiern. Aus diesem Grund ist es besonders wichtig, die eigene Einstellung und Motivation vorher zu prüfen.

Betrug und Scharlatanerie sind auch und gerade im Schamanismus weit verbreitet. Daraus ergibt sich eine besondere Verantwortung für alle, die sich ernsthaft mit der Wirkung von Kraftplätzen beschäftigen. Die physikalischen Aspekte von natürlichen Kraftplätzen lassen sich mit einfachen Geräten objektiv messen, z. B. einem Hautwiderstandsmessgerät, einem einfachen UKW-Empfänger, einem Geigerzähler und oft auch einer Tesla-Spule. Wie dies genau funktioniert, wird weiter unten beschrieben. Jeder soll für sich herausfinden, objektiv oder intuitiv, welcher Ort ein für ihn geeigneter Kraftplatz sein kann. Es liegt mir fern, hier durch objektivierbare Fakten Verwirrung stiften zu wollen und jemandem seinen Lieblingskraftplatz, der für ihn wirksam ist, zu vergällen.
Die Erbauer der großen Dome und Kathedralen wussten bereits, wie man Kraftplätze nutzt: Sie bauten bevorzugt auf alten heidnischen Kultplätzen. Der Kölner Dom zum Beispiel steht auf einem Langgrab. Dort, wo der Priester hinter dem Altar steht, um die Messe zu zelebrieren, bzw. unterhalb der Kanzel ist die Hauptenergie, heute leider zumeist unzugänglich. Manche Kathedralen haben unterirdische Räume, die in Achteckform angelegt sind, die die Kraft auf einen Punkt in der Mitte zentrieren, was sich bei Sensitiven durch einen Selbstversuch schnell überprüfen lässt.

Kraftorte der Natur

Die Erde ist ein lebendiger Organismus. Wie auch im menschlichen Körper gibt es Bereiche, an denen sich Energie und somit «Empfindlichkeit» konzentrieren. Solche Kraftorte könnten auch als sensitive Zonen der Natur bezeichnet werden, an denen eine besondere Atmosphäre herrscht, die sich von der Umgebung unterscheidet.
Die Zusammensetzungen und Muster aus unterschiedlichen Energiephänomenen sind für jeden Platz einmalig, und damit auch die Kraftqualitäten.
Beispiele für Kraftorte der Natur sind oftmals Berge sowie Höhlen oder Quellen.

Kraftorte der Kulturen

Die Menschen früherer Kulturen, die noch intensiv mit der Natur verwoben waren, haben die Kraftorte der Natur erkannt und genutzt. Sie haben sie durch ihre schöpferische Kreativität sogar oftmals «getuned». Je nach Qualität der «Seele des Ortes» wurden sie Gottheiten oder Heiligen geweiht.
Entsprechende wiederkehrende Rituale, meist von vielen Menschen

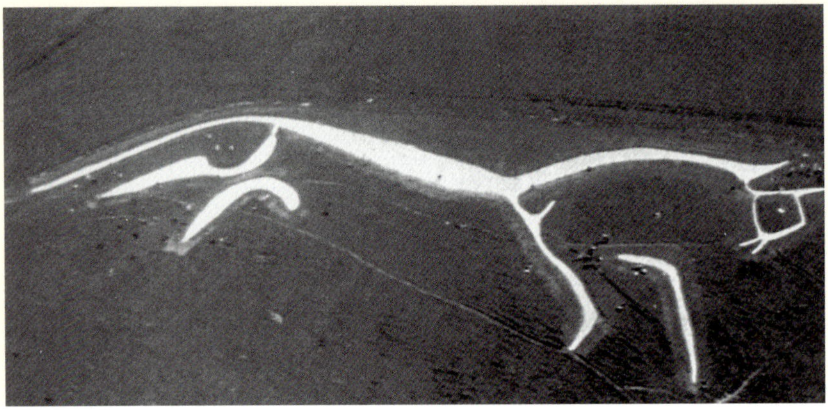

Das weiße Pferd, Britanniens bekannteste Untertorf-Figur. Es ist 107 Meter lang und an klaren Tagen bis zu 30 km weit sichtbar. Hier handelt es sich um die «Kreuzung» eines natürlichen und von Menschenhand geschaffenen Kraftplatzes: Die Figur entstand ungeplant und ungewollt durch das Torfstechen. Die weiße Farbe stammt vom unter dem Torf liegenden Kalkboden.

getragen, gaben den Orten besondere Schwingungsmuster, luden sie regelrecht auf.

Kulturelle Kraftorte dienten bestimmten Zwecken, so gab es unter anderem Orte, an denen der Mensch mit besonderen Kräften der Natur in Verbindung treten konnte, um z. B. Heilung zu erfahren; Plätze, an denen rituelle Handlungen vollzogen wurden, um die belebte Natur zur Mithilfe zu gewinnen, oder an denen regelmäßig Feste abgehalten wurden.

Durch Pflanzen und Tiere geschaffene Kraftplätze und morphogenetische Felder

Besonders große alte Bäume haben eine starke Wirkung, die sich schon erspüren lässt, wenn man solche Bäume längere Zeit mit den Händen berührt oder besser noch umarmt. Die unerwartete Wirkung wird für manchen sensiblen Menschen im Wortsinne umwerfend sein! Mehrere solche Bäume können in bestimmten Konstellationen natürliche Kraftplätze bilden. Dadurch entsteht ein Kraftfeld, das auch noch lange nachwirkt, selbst wenn die Bäume schon längst abgestorben oder gefällt sind.

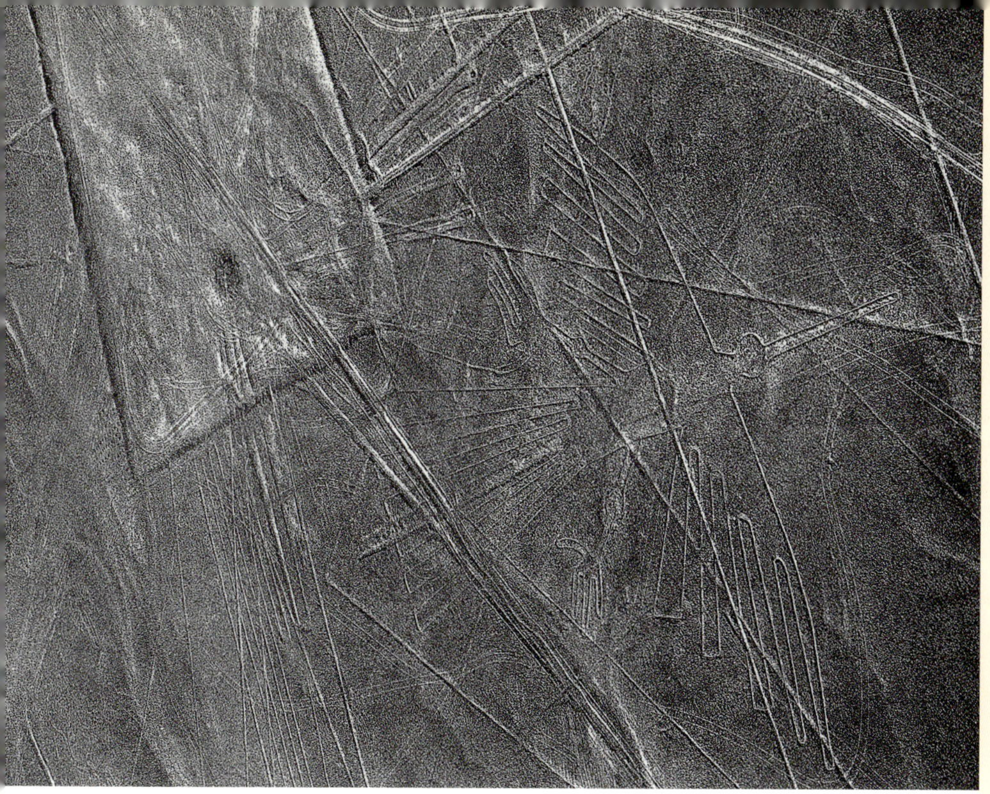

Eine der zahlreichen, kaum fassbaren Figuren in der Wüste von Nazca. Der dargestellte Vogel ist ca. 150 Meter lang. Die Erschaffer dieser Figur konnten sie niemals mit eigenen Augen sehen, das ist erst vom Flugzeug aus möglich.

Wie finde ich meinen persönlichen Kraftplatz?

Wo immer du dich gerade befindest, versuche zu spüren, ob der Ort oder Platz dir gut tut oder eher schadet. Wenn du eine besondere Empfindung hast, gehe ein paar Schritte zur Seite und versuche zu erspüren, ob sich an deinem Empfinden etwas verändert oder nicht. Mache diese Übung bei jeder Gelegenheit, schließlich hältst du dich ja auch immer irgendwo auf. Einige Sekunden reichen schon aus, um diese Fähigkeit zu üben. Wer seine Kraft- und Antikraftplätze in seinem Umfeld gefunden hat, kann dies leicht mit der weiter unten beschriebenen Methode durch eine Hautwiderstandsmessung objektivieren – ein Verfahren, mit dem du auch größten Skeptikern den Wind aus den Segeln nehmen kannst. Viel wichtiger ist jedoch, dass du lernst, deinen natürlichen Empfindungen und Instinkten zu vertrauen. Die objektive Messung soll dir lediglich helfen, dir Gewissheit zu geben, dass du dich auf dein Gefühl verlassen kannst. Mit der Zeit wird deine Sensitivität so stark werden, dass du keinerlei Überprüfung mehr benötigst. Negative Orte werden dir unerträglich werden, positiv geladene hingegen vermitteln dir ein intensives Gefühl von Wohlbehagen und Geborgenheit.

Wie schaffe ich mir meinen persönlichen Kraftplatz?

Aber glaube nur, alles Große, das wir zu empfinden vermögen, ist unser. Es wartet auf uns, an dem Wege, wo wir vorbeikommen sollen.»
Aus «Die Göttinnen»
von Heinrich Mann

Ein Stadtschamane kommt nicht drum herum, sich seine eigenen Kraftplätze zu schaffen. Schließlich braucht er Orte, an denen er ungestört arbeiten kann, und hierzu gehört nahezu zwangsläufig immer auch die eigene Wohnung. Die Suche nach dem geeigneten Kraftplatz in Räumen wird auch im ersten Band der Bücher von Carlos Castaneda ausführlich beschrieben. Leider scheint die dort beschriebene Methode nicht frei von der Phantasie des Autors zu sein. Zum Verständnis, wie wichtig es ist, an jedem Ort seinen Platz zu finden, kann das Buch jedoch uneingeschränkt empfohlen werden (C. Castaneda: Die Lehren des Don Juan). Es gibt unterschiedliche Möglichkeiten, den richtigen Ort für seinen Kraftplatz zu finden. Mit Hilfe der Radiästhesie, also mit Hilfsmitteln wie Rute oder Pendel, aber auch mit kinesiologischen Methoden kann der geeignete Platz gefunden werden, der bereits ein erhöhtes Schwingungsmuster aufweist. Ein anderer Weg wäre, wie bereits wiederholt betont, mithilfe der Intuition fündig zu werden. Wer von Feng-Shui überzeugt ist, für den bietet die Interpretation des magischen Quadrates «Bagua» eine Möglichkeit der Platzwahl bzw. Qualitätsbestimmung.

Wichtiger Hinweis:
Durch regelmäßiges Aufsuchen der Anderswelt (der schamanischen Wirklichkeit) kann an einem an und für sich «bedeutungslosen» Ort ein persönlicher Kraftplatz geschaffen werden, der sich immer mehr auflädt, je häufiger er für schamanische Arbeit genutzt wird. Das gesteigerte energetische Niveau wirst du nach einer Weile bereits spüren, wenn du den Platz betrittst. Vermeide, dass andere den Ort (das Zimmer, oder auch nur den Raumabschnitt) betreten und entweihen. Es ist nicht schlimm, wenn dein Kraftplatz gelegentlich und vielleicht aus Versehen von anderen aufgesucht wird, aber dies sollte die Ausnahme sein.

Die Auswahl objektiv geeigneter Kraftplätze im Haus

Jeder Ort ist von Spannungslinien durchzogen, die von Rutengängern gern als Wasseradern oder auch als geologische Verwerfungen bezeichnet werden. Ob dies den Tatsachen entspricht, ist für unsere Belange bedeutungslos, da wir ja keinen Brunnen graben, sondern für unsere Wohnung einen Ort der Kraft finden wollen. Die hier vorgeschlagene Vorgehensweise ist für viele vielleicht nicht «mystisch» genug, hat jedoch den Vorteil, von jedem objektiv überprüfbar zu sein. Du kannst mit dieser Methode problemlos einen «ungläubigen» Physiker nach dem Kraftplatz suchen lassen, er wird zum exakt gleichen Ergebnis kommen wie jeder andere auch, was für mich als Skeptiker doch eine gewisse beruhigende Wirkung hat.

Zwei Dinge musst du vorab wissen: Lokale Kraftplätze entstehen immer an Kreuzungspunkten von Spannungslinien, wobei es zwei grundsätzlich unterschiedliche Arten gibt: solche, die Energie spenden (rechtsdrehendes Kraftfeld), und solche, die Energie entziehen (linksdrehendes Kraftfeld).

Zuerst müssen also die Kreuzungspunkte von Spannungslinien aufgefunden werden, dann muss deren Qualität festgestellt werden. Ersteres ist sehr einfach: Du nimmst einen einfachen, batteriebetriebenen Rundfunkempfänger, wählst

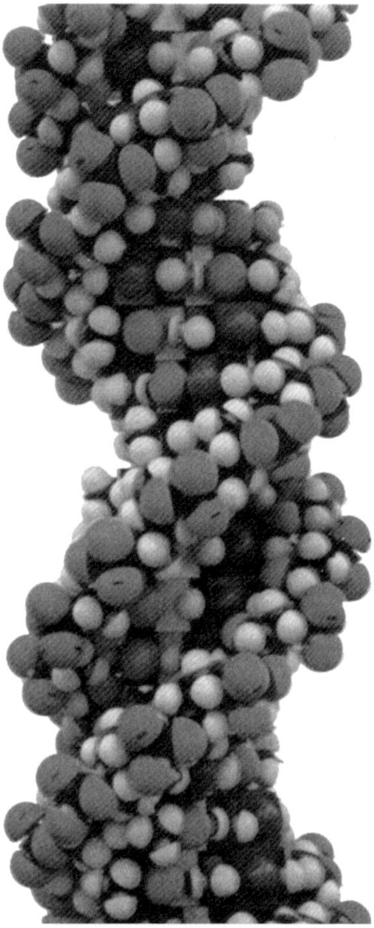

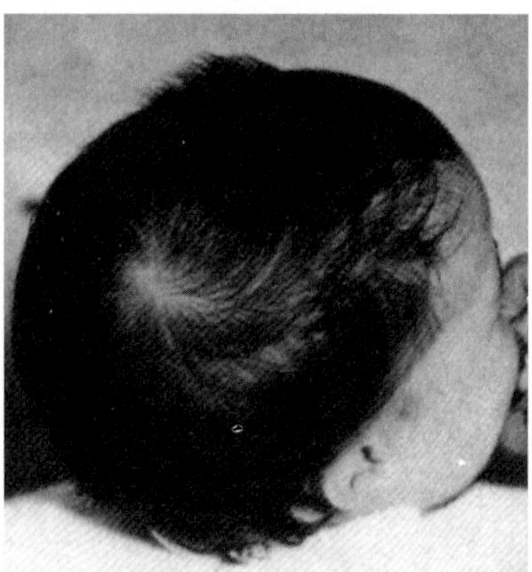

einen Sender und verstellst die Empfangsfrequenz so, dass der Sender gerade eben noch sehr schwach zu empfangen ist. Nachdem du nun alle elektrischen Geräte (Stand-by bei Fernseher und Radio, nach Möglichkeit auch Stromkabel) ausgeschaltet hast, schreitest du langsam mit deinem Rundfunkempfänger den Raum ab. An verschiedenen Stellen im Raum wirst du feststellen, dass der Empfang völlig verschwindet. Diese Stellen solltest du markieren. Im Idealfall finden sich in einem Raum nur zwei solcher Stellen, meist sind es mehr, was so lange kein Problem ist, als nicht alle 50 cm der Empfang wegbleibt, um dann wieder zu kommen. In diesem Fall liegt eine größere Störung des gesamten Raumes vor, die sich nicht mit wenigen Handgriffen beseitigen lässt.

Wenn du nun feststellen willst, ob es sich beim gefundenen Kreuzungspunkt um einen kraftspendenden oder energiezehrenden Platz handelt, benötigst du ein zweites Gerät, das du für wenig Geld im Elektrofachhandel beziehen kannst, einen so genannten Widerstandsmesser (Ohm-Messgerät). Hier ist eine zweite Person zur Unterstützung hilfreich, aber es geht auch allein. Du begibst dich an einen neutralen Ort, nimmst in jede Hand einen der Stifte des Geräts und kannst nun deinen momentanen Hautwiderstand ablesen. Wichtig ist, dass du die Stifte immer mit dem gleichen Druck deiner Finger festhältst, da sonst das Ergebnis verfälscht wird. Nun begib dich an einen der gefundenen Kreuzungspunkte und wiederhole die Messung. Wenn du alles richtig gemacht hast, wirst du eine dramatische Veränderung feststellen: Entweder schnellt dein Hautwiderstand in die Höhe, oder er bricht regelrecht zusammen. Zur Überprüfung kannst du die Messung wenige Zentimeter neben dem Kreuzungspunkt wiederholen, und du wirst wieder deine normalen Werte erhalten. **Entscheidend ist: Dort, wo dein Hautwiderstand ansteigt, ist ein Kraftplatz, wo er abfällt, ein «Antikraftplatz»**. An einem positiven Kraftplatz im Haus lässt sich z. B. ein «Altar der Fülle» einrichten, in anderen Räumen auch einfach dein Sofa oder Bett. Im Wohnzimmer kann man am Antikraftplatz einen Sessel für ungeliebte Gäste platzieren. Der Erfolg ist oft durchschlagend: Schon bald werden sie sich wegen Müdigkeit, Erschöpfung oder Unwohlsein wieder verabschieden.

Der praktische Nutzen von natürlichen Kraftplätzen

Neben den Orten in der Wohnung, die Energie spenden, und solchen, die Energie ziehen, gibt es natürlich auch sehr eindrucksvolle Plätze in der Natur, wie die Externsteine. Abgesehen davon, dass das Aufsuchen solcher Plätze für einen Schamanisierenden zu tief greifenden Erfahrungen führen kann, ist der Hauptnutzen für Stadtschamanen, dass man sie als Einstiegspunkte für die eigenen «Reisen» verwenden kann. Dies gilt sogar für Orte, die man physisch noch nie besucht hat, aber gut aus Fotobänden und der Literatur kennt, wie etwa das Monument Valley in den USA. Wer nicht romantisch veranlagt ist, für den ist es kein Nachteil, wenn er mit dem arbeitet, was er in seiner unmittelbaren Umgebung vorfindet. So sollte man seine Reisen an den gefundenen Kraftplätzen in der Wohnung machen, und als Einstieg in die Unterwelt mag ein U-Bahn-Schacht geeigneter sein als eine beeindruckende Grotte, die jedoch Hunderte Kilometer entfernt ist und mit dem eigenen Leben nichts zu tun hat. Doch diese Details muss jeder für sich entscheiden. Richtig ist, was für einen funktioniert.

Der Altar der Fülle

Der Grundsatz «Energie folgt der Aufmerksamkeit» ist für jede Form schamanischer bzw. magischer Tätigkeit gültig. Alles, worauf wir unsere Aufmerksamkeit richten, nähren wir auf die eine oder andere Weise. Wir verleihen ihm Gewicht, Substanz und Bedeutung.

Um einen Altar der Fülle zu gestalten, vergegenwärtigen wir uns als Erstes unser Ziel oder das zu lösende Problem. Im nächsten Schritt verbinden wir unseren Wunsch mit dem inneren Bild eines Altars, der diesen Wunsch erfüllt. Nun suchen wir nach der oben beschriebenen Methode den geeigneten Platz für den Altar. Mit der entsprechenden inneren Haltung schmücken wir ihn mit den Dingen, **die uns an Fülle, Erfolg oder Reichtum erinnern**. Die Gestaltung ist ansonsten völlig dem persönlichen Geschmack überlassen.

Dabei wird immer das Unterbewusstsein mit dem Bewusstsein verbunden. Altäre sind im Außen und spiegeln heilige Orte im Inneren wider, entsprechend dem Grundsatz «Wie innen so außen, wie oben so unten».

Der Hausschrein wird zum Sinnbild für spirituelle Kräfte, die unser Leben formen; er ist ein Tor zwischen den sichtbaren und unsichtbaren Ebenen der Realität. Er ist ein Ort der Ruhe, um die innere Stimme zu hören oder um Träume zu entschlüsseln. Er ist ein Ort der Zwiesprache mit sich selbst.

Der Altar wird in der Regel ein kleines Tischchen sein, das wir mit Symbolen ausstatten, die wir in der jetzigen Situation mit Fülle, Erfolg und Reichtum in Verbindung bringen. Ich würde etwa eine Figur der indischen Göttin Lakshmi, die für Schönheit und Reichtum steht, im Zentrum des Altars platzieren und sie mit Glückssymbolen umgeben. Je nach Geschmack kann dies z. B. ein vierblättriges Kleeblatt, ein Glücksschwein, ein Schornsteinfeger oder Goldmünzen sein. Symbole aus anderen Kulturen sind Goldfische, der tibetanische Glücksknoten, die asiatische Meisterin der Fülle, der chinesische Wohlstandsbuddha mit dem dicken Bauch, Frösche oder beliebige andere Symbole, die du mit Reichtum und Fülle verbindest. Wem die Göttin Lakshmi nichts sagt, der sollte sie auch nicht auf seinem Altar der Fülle platzieren. Wichtig ist, dass der Altar genährt und gefüttert wird, um die in ihn investierte Energie umso reichhaltiger zurückzugeben. Eine einfache, aber sehr wirkungsvolle Übung ist hier, täglich einen Geldschein an der Hauptfigur bzw. am Altar zu befestigen. Hierbei darf es sich ruhig um größere Beträge handeln, man wünscht sich ja auch eine reiche Ernte. Bergkristalle können die Energie des Altars noch erheblich verstärken. Dass dieser Altar der Fülle weder Kindern noch Neugierigen oder gar Langfingern zugänglich sein sollte, versteht sich von selbst.

Natürlich kann man Altäre auch für jeden anderen Wunsch schaffen. Dies kann sich auf persönliches Glück, Sexualität und Partnerschaft, Freunde oder jedes beliebige andere Thema beziehen.

Ein paar Beispiele für weitere Themen eines Hausaltars:

Gemeinschaft als Sinnbild für Freundschaft und unsere Herkunft.

Selbstentwicklung, der eigene Lebensweg und die Karriere, die Verfolgung von Zielen.

Der Altar kann auch für neue Aufgaben und Projekte stehen, für die Manifestierung von Visionen und Wünschen, besonders für die Steigerung der Kreativität in uns.

Für jeden Erfolg, den man erfährt, sollte man eine kleine Opfergabe, z. B. Obst oder Süßigkeiten, auf den Altar legen, die man später dann an Kinder verschenkt.

Kraftgegenstände, wie man sie findet und lädt

Wach auf – du bist frei.
H. W. L. Poonja

Im klassischen Schamanismus werden die gängigen Werkzeuge des Schamanen als Kraftgegenstände bezeichnet. Hierzu gehören seine Trommel, bestimmte Fetische wie etwa eine Adlerfeder u. a. m. Für den praktizierenden Stadtschamanen möchte ich hier einen alternativen Weg vorschlagen: Wer etwa in Wachtrance (s. entsprechende Kapitel) einen Spaziergang durch Kaufhäuser, Parks, Strände oder Wälder macht, wird unweigerlich immer wieder auf Gegenstände stoßen, die ihn schon fast im Wortsinne ansprechen. Sie wollen von uns mitgenommen werden und uns als Kraftgegenstände dienen. Es liegt ganz an uns, unserem Instinkt, Wissen und unserer Kreativität, was wir daraus machen.
Oft finden wir einfach Steine, Aststückchen, Muscheln, Schneckenhäuser, eine verlorene Münze und dergleichen mehr, die uns «ansprechen». Häufig erschließt sich uns intuitiv, welche Bedeutung der Fund für uns hat, manchmal müssen wir einfach eine Weile Geduld haben.
Halbwegs robuste Gegenstände können wir in einem «Medizinbeutel» aufbewahren, zerbrechlichere passen vielleicht auf unseren Altar der Fülle oder einen anderen Hausaltar. Wichtig ist, dass wir uns von der Herkunft, der «Natürlichkeit» der Kraftgegenstände frei machen, denn die ist eine für einen Stadtschama-

nen überflüssige und sinnlose Beschränkung. So war lange Zeit einer meiner wichtigsten Kraftgegenstände ein Plastikdelphin, ein Kinderspielzeug, mit dem sich besser schamanisieren ließ als mit so manchem edlen Bergkristall. Maria Sabrina, eine weltweit anerkannte und hochverehrte Schamanin, hatte als einen ihrer Kraftgegenstände eine Uhr.
Am wichtigsten ist, dass du dich beim Auffinden und Benutzen deiner Kraftgegenstände in erster Linie auf deine Intuition verlässt! Das ist leichter gesagt als getan; du brauchst einen guten Kontakt zu dir selbst. Meditation und Tranceübungen sind hier eine gute Vorbereitung. Hierher gehört auch der sehr wichtige Punkt, welche Gegenstände du anderen zeigst, sie gar berühren lässt und welche du im Verborgenen nur für dich benutzt.

Um Kraftgegenständen wirklich Macht zu geben, ist es jedoch wichtig, sie zu «laden», ein ebenso einfacher wie effektiver Vorgang.

Das Laden von Kraftgegenständen

Nehmen wir an, du hast einen Stein gefunden, der für dich Mut und Durchsetzungswillen verkörpert. Um diesen Stein zu einem mächtigen Kraftgegenstand aufzuladen, gehst du wie folgt vor: Zuerst reinige den Stein sehr gründlich, schlage ihn in ein Tuch ein und sorge dafür, dass er niemals wieder von einer anderen Person angefasst wird oder mit anderen Gegenständen in Berührung kommt. Wann immer du dich in einer Situation befindest, in der du dich besonders mutig und durchsetzungsfähig fühlst und die Gelegenheit dazu hast, nimm den Stein in die rechte Hand und konzentriere dich darauf, wie der Stein wie ein Akku mit deiner momentanen Stärke aufgeladen wird. Nach einigen Minuten der Konzentration schlage den Stein wieder in sein Tuch ein und bewahre ihn sorgfältig auf. Diesen Vorgang solltest du für einige Wochen bei jeder Gelegenheit wiederholen.
Steht bei dir nun eine Situation an, wo du besonderen Mut und Durchsetzungswillen brauchst, etwa bei der Forderung einer Gehaltserhöhung bei einem besonders unsympathischen Vorgesetzten, so führe den Stein unauffällig, etwa in der Hosentasche, mit dir und berühre ihn während der Verhandlungen

immer wieder unauffällig. Du wirst verblüfft sein, wie die gespeicherte Energie in dich zurückfließt und dich regelrecht über dich hinauswachsen lässt. Analog kannst du diese Technik für jede gewünschte Eigenschaft verwenden, wie Charme, Originalität, gute Laune, Sexappeal, Willensstärke usw. Du solltest dabei allerdings nicht vergessen, dass du den Kraftgegenstand nicht öfter entladen kannst, als er aufgetankt wurde, wie bei einem richtigen Akku eben auch. Besonders hilfreich sind aufgeladene Kraftgegenstände natürlich für die Heilung von Krankheiten, der eigenen sowie der von anderen. Besonders geeignet sind hierfür Bergkristalle. Kraftgegenstände, die zur Heilung oder aus anderen Gründen für andere verwendet wurden, müssen anschließend gründlich gereinigt (z. B. mit klarem Wasser) und völlig neu geladen werden. Da Kraftgegenstände in solchen Fällen nicht nur die heilende Energie auf andere übertragen, sondern auch die negative Energie des Kranken auf sich ziehen, ist eine besonders gründliche Entladung, Reinigung und Neuaufladung vor einer Wiederverwendung unverzichtbar.

Beispiel: Schmerzen im Solarplexus

sind häufig ein deutlicher Hinweis auf nervliche Überreizung, nervöse Erschöpfung und extremen Stress. Für solche Fälle hat sich ein entsprechend aufgeladener Lapislazuli bewährt. Einst hatte ich einer Bekannten, die tatsächlich an all den Symptomen nervlicher Überreizung litt, einen entsprechend geladenen Lapis mit einem Pflaster direkt auf den Solarplexus geklebt, was praktischer ist, als viele Stunden ruhig dazuliegen und den Stein auf der entsprechenden Hautstelle zu belassen. Nachdem in den ersten Stunden eine dramatische Besserung eintrat, setzte unvermittelt die alte Krise wieder ein. Ich untersuchte die entsprechende Hautstelle, um nachzusehen, ob sich der Lapis noch dort befand, wo ich ihn befestigt hatte. Das tat er auch, allerdings war er – ohne äußere Einwirkung – zerbrochen. Ich entfernte den Stein sofort und warf ihn weg. Solche Effekte, die im Übrigen wesentlich häufiger auftreten, als man vielleicht vermuten würde, sind immer ein sicheres Zeichen dafür, dass der Kraftgegenstand mit negativer Energie überladen wurde.

Je mächtiger der Schamane, umso stärker die Ladung der Kraftgegenstände. Wenn du dich unsicher fühlst oder einen besonders wirksamen Kraftgegenstand brauchst, lass ihn dir von einem Schamanen deines Vertrauens herstellen. Das gilt sinngemäß auch für Talismane und Amulette, auf die in diesem Buch nicht näher eingegangen wird.

Die Schamanen-reise

Das Werkzeug der Schamanen

Meditation und Gedankenstille

Hier werden allgemeine Meditationstechniken beschrieben, die für die schamanische Arbeit sehr nützlich, wenn auch nicht unerlässlich sind. Die folgenden Hinweise reichen natürlich nicht aus, um die Meditation vollständig und fehlerfrei zu erlernen, hier kommt man um einen persönlichen Lehrer nicht herum. Ähnlich gute Ergebnisse wie mit der wesentlich schwierigeren Meditation lassen sich auch mit autogenem Training – insbesondere der Oberstufe – sowie mit progressiver Muskelentspannung, Alpha-Training, Silva-Mind und TM erzielen, um nur einige zu nennen. Wenn du eine dieser Techniken bereits beherrschst, so bleibe vorerst bei dieser, übe sie regelmäßig, denn sie wird dir bei den berühmten Schamanenreisen von unschätzbarem Nutzen sein. Beschäftige dich dann vorerst nicht weiter mit den hier gemachten Vorschlägen zur Meditation, sondern komme erst wieder auf sie zurück, wenn du dich mit Techniken für weit Fortgeschrittene beschäftigen möchtest.

Du brauchst zum Meditieren einen ruhigen Ort, wo dich niemand stört. Erst mit zunehmender Übung kannst du deine Unabhängigkeit von äußeren Einflüssen entdecken und sowohl in der U-Bahn als auch auf einer Parkbank oder an deinem Arbeitsplatz meditieren.

Für den Anfang empfiehlt es sich, einen verdunkelten Raum zu wählen, der nach Möglichkeit frei von Straßenlärm ist und in dem du bei deiner Arbeit nicht gestört wirst. Wähle als Meditationssitz einen geraden Stuhl ohne Armlehnen oder ein festes Bett, oder setze dich, wenn du beweglich genug bist, auf den Boden. Sitze mit aufrechter Wirbelsäule, die Hände (eventuell mit nach oben gekehrten Handflächen) auf den Oberschenkeln ruhend. Solltest du anfangs große Schwierigkeiten haben, dich gerade zu halten, lehne dich an die Wand. Die fortschreitende Praxis fördert das natürliche Bedürfnis unseres Körpers nach ausgeglichener Entspannung, sodass nach und nach eine aufrechte und gerade Haltung bequemer erscheint. Dies wird durch Sport und vor allem Kraft- und Rückentraining sehr gefördert.

Die Technik der Mantrammeditation

Schließe die Augen und entspanne dich für eine Minute. Fühle das Blut

durch deine Adern strömen. Höre auf deinen Atem, der ruhiger und ruhiger wird. Achte auf deinen Herzschlag und die zunehmende Entspannung des Körpers.
Beginne dann, langsam und mühelos dein Mantram zu denken. Welches Mantram du wählst, ist anfangs völlig bedeutungslos, mit «Coca-Cola» wirst du genauso gute Ergebnisse erzielen, wie mit «Om mani padme hum» oder irgendeinem anderen. Das Mantram ist vorerst nichts anderes als ein Transportmittel, so wie es Trommel und Rassel auch sind, die verwendeten Klänge sind absolut nebensächlich. Wiederhole es immer wieder – leicht und mühelos. Das Denken des Mantrams entspricht keiner deutlichen Aussprache, es ist nur eine zarte Idee. Das heißt, dass das Mantram nicht deutlich in seinen einzelnen Lauten gedacht werden soll, sondern eher als ein feiner Impuls.

Tauchen Gedanken auf, so spielt das keine Rolle. Schenke ihnen einfach keine Aufmerksamkeit. Erst wenn du merkst, dass du einem Gedanken nachhängst, ihn nicht einfach wie eine Wolke vorbeiziehen lassen kannst, kehre ganz bewusst zum Mantram zurück. Ebenso verfährt man, wenn man husten oder niesen muss oder sich kratzen will. Ärgere dich nicht über diese Störung. Denke nicht: «Das sollte nicht sein», sondern nimm es nicht wertend so unbeteiligt wie möglich wahr. Viele dieser körperlichen Symptome verschwinden dann augenblicklich. In der Wiederholung erscheint das Mantram anfangs deutlicher, später immer vager, entfernter, verschwommener, bis es schließlich in der Stille verstummt. Verfahre im Prinzip mit Veränderungen des Mantrams so wie mit allen Störungen während der Meditation. Die Veränderung des Mantrams ist ein natürlicher Vorgang. Lasse auch dies einfach geschehen. Manche Yoga-Schulen hüten ihre Mantrams wie ein großes Mysterium. Sie behaupten, dass jeder Meditierende von seinem Lehrer ein speziell ausgewähltes Mantram erhält, obwohl die Auswahlkriterien sehr simpel sind. Trotzdem haben diese Gurus, denen es sicherlich in erster Linie um den Profit geht, Recht, denn jedes Mantram wird schon nach kurzem Gebrauch ein persönliches Mantram. Es verändert und verfeinert sich. Nach längerer Praxis wirst du dann bereits zu Beginn der Meditation das Mantram nicht mehr Buchstabe für Buchstabe, sondern impulshaft wahrnehmen.

Mantram und Atem

Verschiedene Meditationstechniken schreiben Zeiten für das Einatmen, Anhalten und Ausatmen während der Rezitation des Mantrams vor. In unserem Fall ist es lediglich wichtig, Atem wie Mantram geschehen zu lassen. Der Atem kommt und geht, wie er will. Wir lassen alles geschehen. Wie bereits betont, denken wir das Mantram in einer möglichst passiven Weise. Halb denken wir es, halb lauschen wir hin, manchmal zieht es vorbei, platzt wie eine Seifenblase, oder es schält sich aus unserem geistigen Nebel. Gleichzeitig wird es geschehen, dass sich der Atem genau wie das Mantram verfeinert, zeitweise sogar zum Stillstand kommt.
Als Zeiten für die Meditationen eignen sich am besten der frühe Morgen und der Abend. Du solltest nicht mit vollem Magen meditieren, weil das dem Transzendieren durch den erhöhten Energiebedarf zugunsten der Verdauung abträglich ist. Zwanzig Minuten sind eine durchschnittliche Meditationszeit, die am Anfang nicht überschritten werden sollte. Bereits mit einiger Übung wird es dir möglich sein, die abgelaufene Zeitspanne einzuschätzen. Auch aus diesem Grund ist es ratsam, die gleiche Meditationsdauer länger beizubehalten. Du wirst feststellen, dass sich deine innere Uhr sehr schnell dafür sensibilisiert. Nach Ablauf der vorher festgelegten Zeitspanne hörst du auf, das Mantram zu denken, verbleibst aber noch weitere ein bis zwei Minuten mit geschlossenen Augen in entspannter Haltung. Erst jetzt öffne langsam die Augen und stehe auf. Bei Beschwerden oder psychischer Unruhe empfiehlt es sich, die Übungszeit zu verkürzen und sich zum Ausgleich körperlich zu betätigen. Wie immer im Leben tragen Konsequenz und Stetigkeit wesentlich zum Erfolg bei.
An dieser Stelle sei nochmals darauf hingewiesen, dass Meditation mit einem Mantram nur eine von vielen Möglichkeiten darstellt, Gedankenstille zu erreichen, und unabhängig vor dem eigentlichen Schamanisieren steht.

Trance muss sein: der Bewusstseinszustand, andere Wirklichkeiten zu bereisen

Hypnose und Trance in der modernen Therapie und Forschung

Wenn es in der modernen medizinisch-psychologischen Forschung eine unzweifelhaft unstrittige Schnittstelle zum Schamanismus gibt, dann sind es die Bedeutung und Heilwirkung von Trance und Hypnose. Wer also an modernen wissenschaftlichen Erklärungen für Methode und Erfolg des Schamanismus interessiert ist, wird in diesem Abschnitt sicherlich wertvolle Argumente finden. Die Hypnose ist die Mutter der Psychotherapie, mit der ja auch Freud erfolgreich arbeitete. Schamanen in allen Zeiten und Kulturen heilten, indem sie sich und ihre Patienten in Trance versetzten. Trance und schamanischer Bewusstseinszustand sind praktisch identisch. Anders gesagt: Jeder schamanische Bewusstseinszustand ist eine Form der Trance oder Hypnose, der Umkehrschluss gilt selbstverständlich nicht.

In vielen wissenschaftlichen Studien erwies sich Heilhypnose als besonders effektiv bei:

- Ängsten und Phobien
- Allergien
- Bluthochdruck
- Chronischen Schmerzen
- Migräne
- Depressionen
- Gewichtsproblemen und Essstörungen
- Krebs und anderen lebensbedrohlichen Krankheiten
- Minderwertigkeitsgefühlen und Partnerschaftsproblemen
- Psychosomatischen Störungen
- Schlafstörungen
- Störungen und erhöhter Anfälligkeit des Immunsystems
- Stress und Überforderung
- Suchtproblemen
- Zahnbehandlung.

Jeder, der es will, kann eine hypnotische Trance erleben, die hilft, innere Vorgänge besser wahrzunehmen und zu verstehen. Für den angehenden Schamanen ist dies sogar eine unverzichtbare Notwendigkeit. Allein dies kann genügen, um eine heilende Veränderung einzuleiten. Jeder Mensch kann in Hypnose neue Fähigkeiten erlernen und bereits vorhandene weiterentwickeln, wie Selbstheilungskräfte oder Konzentration. Hypnose stärkt und erweitert diese Ressourcen. Ein Schamane muss Trance- und (Selbst-)Hypnosetechniken beherrschen, denn nur so ist ein Zugang zur «wahren Wirklichkeit», der Anderswelt, dem veränderten Bewusstsein, möglich.

Was sind Trance und Hypnose genau?

Trance bedeutet, dass der Körper entspannt ist und der Geist hellwach. Man kann Hypnose oder Trance auch «nicht gelenktes Erleben» nennen. Der Trancezustand löst Körper und Geist. Dadurch wird mehr innere Freiheit gewonnen.

Trance ist ein natürlicher Zustand. Er kann auf unterschiedlichste Weise erzeugt werden (Hypnose, Trommeln, Tanzen, Drogen, Hemi-Sync-Verfahren, Beten), meist zu Zwecken der Heilung. Leichte Trance entsteht aber auch im Alltag immer wieder von selber – in Abständen von 90 bis 120 Minuten, wie Milton Erickson herausgefunden hat, z. B. wenn wir in einem Moment der Träumerei oder in Gedanken versunken sind.
Dieses Phänomen wird Alltagstrance genannt. Erickson und Rossi fanden heraus, dass Menschen in 90-Minuten-Rhythmen Ermüdung und Regenerationstendenzen zeigen. In der Medizin nennt man dies ultradiane Rhythmen. Diese nur wenige Minuten dauernden Zu-

stände sind deswegen interessant, weil sie eine Reihe typischer Trance-Merkmale aufweisen: die rechte Hirnhälfte ist aktiver als die linke. Auch das vegetative Nervensystem folgt diesem Rhythmus von Ruhe und Aktivität. Ebenso erholt sich das Immunsystem, und das endokrine System (Botenstoffe und Hormone) wird wieder aufgefüllt. Der Mensch ist in sich gekehrt, die äußere Welt weniger wichtig.

Praktische Nutzung der Wachtrance

Wenn du die Fähigkeit erworben hast, diese Trancezyklen bei dir und später dann auch bei anderen bewusst wahrzunehmen, kannst du dies unmittelbar für deine schamanische Arbeit nutzen: Wenn du spürst, dass du dich gerade in Alltagstrance befindest, kannst du sofort und mühelos Kontakt mit der Anderswelt aufnehmen, dein Krafttier oder andere Schutzgeister um Rat fragen oder auch einfach positive Energie an Menschen schicken, deren Wohl dir am Herzen liegt. Wenn du diese Technik übst, wirst du vermutlich feststellen, dass du Letzteres schon oft instinktiv gemacht hast: Bei einer langweiligen Zugfahrt etwa, bei der man zu müde ist, um zu lesen, und zu wach, um einzuschlafen, ist man mit seinen Gedanken oft ganz automatisch bei seinen Lieben, fragt sich, wie es ihnen gerade geht, oder hat sogar regelrecht das Gefühl, im Wortsinne innerlich mit ihnen verbunden zu sein.

Wenn du Trancezustände bei anderen feststellen kannst, hast du die Möglichkeit, unmittelbar und tief in das Bewusstsein deines Gegenübers einzudringen. Du kannst z. B. einen Kranken zu den Kraftorten deiner Anderswelt führen, ihn deinem Krafttier vorstellen, ihn bitten, dessen Hilfe anzunehmen und vieles mehr. Wer dies ohne das Einverständnis seines Gegenübers tut, handelt immer schwarzmagisch bzw. betreibt – selbst bei den besten Absichten – schwarze Therapie, die einer Vergewaltigung der Seele gleichkommt. Da man nicht immer vor einer geeigneten Trancesituation sich die notwendige Erlaubnis einholen kann, du aber vielleicht eine besonders günstige Gelegenheit auch nicht ungenutzt verstreichen lassen möchtest, löst du dieses Problem, indem du dein Gegenüber in der Trance um Erlaubnis bittest, ihm zu helfen, und ihm mitteilst, dass sein eigener innerer Wächter dafür sorgen soll und wird, dass nichts mit seinem Bewusstsein geschieht, mit dem er nicht voll und ganz einverstanden ist. Dieser Punkt ist sehr wichtig.

Wie man Trancezustände bei anderen programmiert

Möchtest du öfters mit diesem Menschen arbeiten, dann kannst du einen «Anker» setzen, d. h., du berührst ihn an einer bestimmten Körperstelle, z. B. an der Schulter oder am Ohr, sobald du den Beginn der Wachtrance feststellst. Hast du dies in mehreren Wachtrancesituationen wiederholt, den Anker also gefestigt, dann reicht die entsprechende Berührung aus, um den anderen sofort in Trance zu versetzen. Wenn du so arbeiten möchtest, solltest du auf die gleiche Weise einen zweiten Anker für die Aufwachphase setzen, damit du den Trancezustand nicht nur herbeiführen, sondern auch beenden kannst.
Diese alte schamanische Technik wurde durch das so genannte NLP wieder relativ bekannt gemacht und wird leider – zum Glück meist völlig dilettantisch – im großen Stil im Geschäftsleben missbräuchlich betrieben. Wer erfolgreich mit Wachtrance anderer arbeiten möchte, sollte sich mit der entsprechenden NLP-Literatur, vor allem aber mit den Arbeiten Ericksons intensiv auseinander setzen.

Die folgenden Situationen sind Beispiele für die ganz normale, leichte Alltagstrance, die wir alle kennen. Du fährst nach Hause, bist in Gedanken und findest dich auf einmal vor deiner Haustür wieder. Offenbar hast du den Weg automatisch gefunden, ohne darüber nachzudenken. Oder du bist mit etwas so intensiv beschäftigt, dass die Zeit «wie im Fluge vergeht» und du dich wunderst, dass es schon so spät ist, als du auf die Uhr schaust. Du hast dein Schlüsselbund eben noch gesehen – und nun ist es auf einmal wie vom Erdboden verschluckt. Du warst in Trance, als du es ablegtest.
Kinder befinden sich die meiste Zeit in «Natur-Trance» – ihr EEG ist dem eines Trancezustandes sehr ähnlich. Trance ist im EEG von anderen Zuständen – z. B. Schlaf oder Stressbelastung – leicht zu unterscheiden. Die Spannung der Gehirnströme hat im normalen Wachzustand eine Frequenz von 14-32 Hertz (Schwingungen pro Sekunde). Man nennt diese Frequenz Beta. Sie ist die vorherrschende Frequenz das Wachbewusstseins. Beta hat zwei Seiten. Sie kann bei hoher Amplitude für Wohlgefühle und hohe Konzentration sorgen (Eustress) oder für Hektik und Stress (Distress) – das hängt stark von der inneren Einstellung und dem seelischen Gleichgewicht ab. In Hypnose und Trance, Meditation und tief entspannten Zuständen, aber auch in Ekstase treten vermehrt Wellen im Bereich 7-12 Hertz auf.

Man nennt diesen Zustand Alpha. Ein erhöhter Alpha-Zustand wurde in den Gehirnen von Schamanen während des Heilens gemessen.
Hinweis:
Der Alpha-Zustand ist Voraussetzung jeder schamanischen Arbeit. Wer sich schwer entspannen kann und sich nicht für autogenes Training, Meditation und Ähnliches begeistert, der sollte sich ein Biofeedbackgerät zulegen! Ein solches Gerät zeigt an, wann sich das Gehirn in Alpha befindet und wann nicht. Durch diese Rückkopplung, die unserem Normalbewusstsein fehlt, kann man mithilfe eines solchen Gerätes und wenigen Wochen Training sich willentlich innerhalb von Sekunden in Alpha versetzen und genauso schnell in das Alltagsbewusstsein zurückkehren!

Stadtschamanen sollten sich unbedingt mit Biofeedbackgeräten und auch so genannten Mind-Machines und deren Möglichkeiten auseinander setzen, da hier in wenigen Wochen eine Bewusstseinskontrolle erreicht werden kann, für die man mit traditionellen Methoden in der Regel Jahre benötigt!

Bei welchen Problemen ist schamanische Trance besonders effektiv?

Schamanisches Heilen ist bei nahezu allen psychischen und psychosomatischen Problemen von großem therapeutischen Nutzen. Es gibt wissenschaftliche Untersuchungen, die belegen, dass Heilung ausschließlich in einem Trancezustand geschehen kann.

Können unangenehme Erlebnisse durch schamanische Trance ausgelöst werden?

Unangenehme Gefühle wie Angst, Schmerz, Wut, Schuld oder Scham sind Tore. Wenn du durch diese Tore in die Anderswelt gehst, wirst du dort Erleichterung, Entlastung und Heilung erfahren können. Unangenehme Gefühle tauchen in jedem Heilprozess auf. Sie gehören einfach dazu.

Übung: Wachtrance vor dem Einschlafen, einfach und nützlich

Die folgende, sehr wichtige und äußerst effektive Technik lässt sich sogar schon von Anfängern nutzen, die keinerlei Trancetechnik beherrschen und auch nicht mit der Meditation vertraut sind:

Mancher überdenkt kurz vor dem Einschlafen die Geschehnisse des Tages oder plant den nächsten. Ein anderer gibt sich seinen Phantasien hin. Je nach Person und Situation gehen uns die verschiedensten Dinge durch den Kopf. **Es kommt jedoch der Moment, von dem an sich die Zustände der Einschlafenden gleichen.** Die Aktivität des Gehirns nimmt ab. Man lässt sich treiben und gleitet in den Fast-Schlaf. Dies ist ein natürlicher Trancezustand, der sich für die schamanische Arbeit ausnutzen lässt.
Lege dich abends bequem ins Bett. Liegst du bequem, jedoch in einer etwas ungewohnten Lage, erhöht sich die Chance, das Hinübergleiten vom Wachen zum Schlafen auszudehnen, was sich wiederum positiv auf die Effektivität der Wunschsetzung auswirkt. Entspanne dich und warte, bis sich die ersten großen Wellen von Gedanken gelegt haben. Lausche deinem Atem, spüre dein Herz schlagen und das Blut durch die Adern fließen. Sobald du entspannt bist, dein Atem flacher ist und dich eine wohlige Wärme durchflutet, beginne damit, etwa alle 15 Sekunden einen Wunsch zu «senden». Mit fortschreitendem Training hauchst du ihn nur vor dich hin und reist so durch die Phase zwischen Wachen und Schlafen. Mach dir nichts daraus, wenn du schnell die Kontrolle über diesen Vorgang verlierst und einschläfst. Das ist am Anfang völlig normal. Nach und nach wird es dir gelingen, dich mit dem letzten bewussten Wunschgedanken immer näher an den eigentlichen Moment des Einschlafens heranzutasten. Abgesehen davon, dass sich der Halbschlaf allgemein als brauchbarer Boden für schamanisches Arbeiten erweist, kann diese Übung eine wesentliche Vorarbeit zu schamanischen Reisen darstellen. Lasse die Zeit des Einschlafens und des Schlafens langsam von einem völlig unbewussten zum bewusstem Erleben reifen!
Im letzten Teil des Buches, wo es

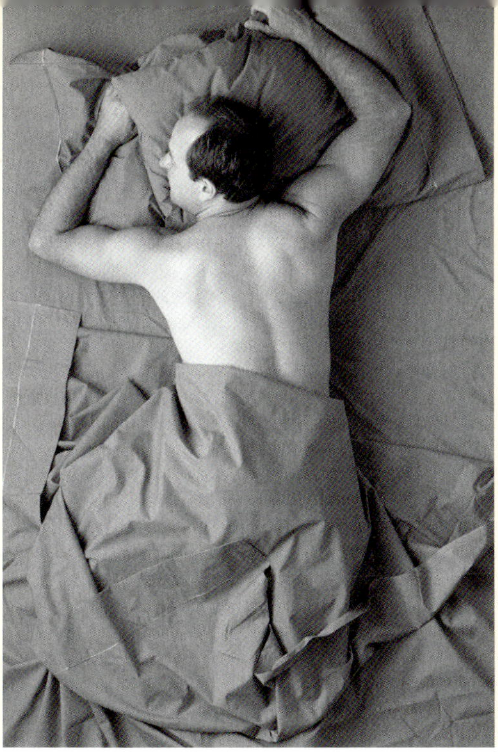

um Techniken für Fortgeschrittene und die Kunst des Wünschens geht, wird auf diese Technik wieder zurückgegriffen werden. Im jetzigen Stadium ist sie nicht mehr als eine sehr nützliche Vorbereitung für die Schamanenreise.

Vorschläge für die praktische Umsetzung obiger Übung

Kontrolle über die Dauer des Schlafes: Lasse dich morgens statt von einem Wecker durch eigene sanfte Impulse wecken. Setze dir dafür vor dem Einschlafen «Anker» für den Willenssatz: «Ich werde morgen um 7.00 Uhr aufwachen.» Sehr schnell wirst du erfolgreich sein. Das setzt voraus, dass du am Vorabend nicht allzu spät und übermüdet und vor allem einigermaßen nüchtern zu Bett gegangen bist. Anfänglich wirst du vielleicht verschlafen oder schon vor dem gewählten Zeitpunkt erwachen oder dich unruhig im Halbschlaf wälzen. Meist legt sich das bereits nach kurzer Zeit, und man erwacht exakt zum angegebenen Zeitpunkt. Eine Genauigkeit von +/– 5 Minuten sollte in kurzer Zeit zu erreichen sein. Bei fortschreitenden Erfolgen kannst du die Übung ausbauen und z. B. formulieren: «Ich werde morgen um 7.00 Uhr ausgeschlafen und voller Tatendrang aufwachen!» Willst du noch intensiver arbeiten, setze dir als Zeitpunkt des Erwachens nicht den Morgen, sondern mehrere, über die ganze Nacht verteilte Zeitpunkte. Wähle etwa 2 Uhr, 4 Uhr und deine gewohnte Weckzeit. Gerade bei sehr ungewohnten Weckzeiten wird es etwas länger dauern, bis du Erfolg hast. Behalte deshalb die Übung in dieser Form für mehrere Wochen bei. Vielleicht wirst du auch nicht ganz wach, sondern erreichst nur den von dir ohnehin gewünschten Zustand des Halbschlafes.

Das Beherrschen dieser Übung ist eine hervorragende Grundlage für alle weiteren in diesem Buch beschriebenen schamanischen Techniken.

Der schamanische Zugang in die Anderswelt

Die Gäste mögen bitte nicht die Geister verärgern.
Allen, die die Nacht überlebt haben, wird das Frühstück um neun Uhr morgens serviert.
Der Städtische Friedhof von Hastings kann von hier aus bequem zu Fuß in fünf Minuten erreicht werden (im Falle der Mitführung einer Leiche in zehn Minuten). Flugweg für Geister eine Minute. Wir bitten alle Gäste höflichst, vom Abnehmen der Leichen in den Bäumen abzusehen.
Im Büro finden Sie eine kleine Garderobe. Es handelt sich um die Gewänder derer, die des irdischen Tands nicht mehr bedürfen.
Hausregeln an der Wand des Speisezimmers von Aleister Crowley. (Vermutlich fälschlich ihm zugeschrieben statt seinem exzentrischen Hauswirt.)

In Anlehnung an einen bekannten Buchtitel kann man sagen: Dem Schamanen ist es egal, wie er in den «schamanistischen Bewusstseinszustand» gelangt. Am bekanntesten ist sicherlich die Schamanentrommel, deren schnell aufeinander folgende Klänge der Schamane als Reittier in die andere Wirklichkeit benutzt, wobei ein zweiter Schamane bzw. Gehilfe notwendig ist, der das Schlagen der Trommel weiterführt, wenn der Meister in Trance gefallen ist. Es spricht nichts dagegen, den Schamanenrhythmus (ca. 200-240 bpm) von Kassette oder CD abspielen zu lassen, Musiker können für den gleichen Zweck einen Drum-Computer verwenden. All diese Techniken sind gleich gut oder auch gleich schlecht anwendbar. Manche Menschen machen mit der Schamanentrommel oder -rassel die erstaunlichsten Erfahrungen, würden aber technische Hilfen wie CD- oder Kassettenabspielgeräte als «Entweihung» ablehnen, während anderen wieder die Quelle des Klangteppichs gleichgültig ist. Meine persönlichen Erfahrungen mit traditionellen Schamanen haben mir gezeigt, dass sie die unterschiedlichsten Hilfsmittel benutzen und aus unserer Sicht erstaunlich undogmatisch vorgehen: Manche nepalesische Schamanen etwa trinken erst einmal eine gehörige Portion Schnaps, um ihr Bewusstsein zu verändern! Anschließend erfolgen Räucherungen mit Wacholder und das Rauchen von starken Zigaretten und Haschisch, zusätzlich werden eigene und tradierte Schamanengesänge gesungen. Spätestens jetzt ist der Schamane bereit und fähig, seinem Handwerk nachzugehen, bekifft und betrunken befindet er sich sicherlich nicht mehr in einem alltäglichen, «normalen» Bewusstseinszustand. Schamanen anderer Kulturen benutzen Zauberpilze, das legendäre Ayahuasca, Meskalin und Stechapfel. Kaum eine psychoaktive Substanz ist nicht schon zu schamanischen Zwecken verwendet worden, wobei die so genannten Halluzinogene hier sicherlich eine Vorrangstellung einnehmen. Die Verwendung illegaler Drogen darf aus juristischen Gründen nicht empfohlen werden. Von ihnen ist prinzipiell ohne kundige Anleitung abzuraten. Auch wenn die häufig beschriebenen Gefahren für Leib und Leben in der Regel maßlos übertrieben und inkompetent dargestellt werden, so sind die Rauschwirkungen doch nichts für «Anfänger» und helfen ohne kompetente Führung auch nicht in der Praxis. Meiner unmaßgeblichen Meinung nach müssen allerdings, von extrem seltenen Ausnahmen abgesehen, die schamanischen Ergebnisse ohne die aktive Unterstützung von Kraftpflanzen, sprich «Halluzinogenen», immer begrenzt sein. Wer im Westen und als Westler Schamanismus praktizieren möchte, hat jedoch mit Sicherheit genügend Lehrstoff vor sich, um jahrelang intensiv an sich und mit dem Schamanismus zu arbeiten, bis die Grenze erreicht ist, wo es ohne «Drogen» nicht mehr weitergeht.

Veränderte Bewusstseinszustände sind DER Schlüssel zu schamanisch-magischen Fähigkeiten.

Die Fähigkeit, veränderte Bewusstseinszustände zu erlangen, schlummert in uns allen. Manche haben es etwas leichter als andere, aber mit etwas Überlegung und Probieren kann jeder schnell die für ihn geeigneten Techniken finden.
Jeder Mensch befindet sich mindestens zweimal täglich in Trance, der Grundlage des schamanischen Bewusstseins: beim Einschlafen und beim Aufwachen. In den Übergangsphasen zwischen Schlafen und Wachen halten wir uns tatsächlich für einen Moment in einer echten Zwischenwelt auf, die große Verwandtschaft mit der Anderswelt der Schamanen hat. Wie dieser Zustand zum Schamanisieren genutzt werden kann, wurde schon angedeutet und wird weiter unten noch ausführlicher beschrieben.

Test der schamanischen Begabung

Die Fähigkeit, sich in Trancezustände zu versetzen, die so genannte Suggestibilität und damit die schamanische Begabung, lässt sich mit einem einfachen Test feststellen: Stelle dir ein Pendel her, am besten mit einem einfachen Senkblei, wie man es preisgünstig in jedem Baumarkt bekommt, und verbinde es mit einer langen, dünnen Schnur. Stelle dich mit leicht gespreizten Beinen hin, das Senkblei kurz über dem Fußboden, die Schnur mit beiden Händen auf Hüfthöhe festhaltend. Warte, bis jede unwillkürliche Pendelbewegung zur Ruhe gekommen ist.

Konzentriere dich nun darauf, dass das Pendel – ohne dass du physisch nachhilfst! – von rechts nach links zu schwingen beginnt. Je stärker die Bewegung ist, umso stärker ist auch deine suggestive und damit auch schamanische Begabung. Mit ein wenig Übung sind dann auch Kreis- und elliptische Bewegungen möglich. Diese Übung funktioniert erfahrungsgemäß bei mehr als 80 Prozent der Menschen mehr oder weniger gut, weniger als 20 Prozent sind nicht suggestibel und werden sich mit der schamanischen Praxis entsprechend schwer tun. Allerdings kann auch hier die Übung den Meister machen, und was anfangs überhaupt nicht klappte, mag nach einiger Zeit geduldigen Übens ausgezeichnet funktionieren.

Der Einstieg in den schamanischen Bewusstseinszustand

«Verstand ist Glaube, Glaube ist Furcht vor dem eigenen Fassungsvermögen …»
Austin Osman Spare

Zur Erlangung von schamanischen Bewusstseinszuständen muss das Alltagsbewusstsein verändert oder sogar ausgeschaltet werden. Dies ist prinzipiell mit allen Methoden und Mitteln erreichbar, die unser Normalbewusstsein «verrücken». Welche Methoden man einsetzt, ist von persönlichen Neigungen, Vorlieben, Talenten und zum Teil auch Zielsetzungen abhängig. Das Ergebnis ist jedoch, wenn auch mit unterschiedlicher Intensität, immer das gleiche: die Trance, das Tor zur Anderswelt, das schamanische Bewusstsein.
Für schamanische Arbeit lassen sich nutzen: sexuelle Erregung, sehr starke Gefühlsbewegungen jeglicher Art, exzessives Tanzen, Trommeln, Gesänge, Schmerzen, erregende und enthemmende Drogen, Halluzinogene, Hyperventilation, die Überflutung mit Sinnesreizen, Meditation, Konzentration, Entzug der Sinnesreize (sensorische Deprivation), wie z. B. mithilfe des Samadhi-Tanks.
Extreme Erregungszustände können etwa dazu genutzt werden, um Kraftgegenstände zu laden oder auch wirksame Flüche oder Segenssprüche auszusprechen.

Vorübung – Reisevorbereitung

Hast du mit den bewusstseinsverändernden Techniken noch wenig Erfahrung, warst aber beim Pendeltest erfolgreich, empfiehlt sich folgende einführende Übung zur Steigerung der schamanischen Sensitivität: Lege dich in einem leicht verdunkelten, ruhigen Raum bequem nieder. Schließe die Augen, ohne etwas zu erwarten oder zu wollen. Nach zirka zehn Minuten wirst du dich unruhig fühlen, Arme oder Beine beginnen möglicherweise zu zucken, die Lider flattern. Abstrakte optische Erscheinungen bis hin zu voll ausgebildeten Szenarien werden dann auftauchen. Gib dich dieser Art von Tagtraum, der letztlich nichts anderes als eine ungesteuerte Schamanenreise ist(!), so lange hin, wie es dir Freude macht, sinnvoll erscheint und gut tut. Wenn du aufhören möchtest, setze dich langsam auf, atme langsam, tief und bewusst, mache das Licht an und gib dir ein bisschen Zeit, wieder in den Normalzustand zurückzukehren. Übe anfangs nicht länger als 25 Minuten, da sonst Nervenüberreizungen die Folge sein könnten. Wenn du während der Übung einschläfst, ist das nicht weiter schlimm, versuche es jedoch zu vermeiden.

Sehr zu empfehlen sind auch Übungen mit einem so genannten Samadhi-Tank, die praktisch unmittelbar zu einer Art (ungelenkter) Schamanenreise führen, da sie ein unblockiertes Bewusstsein sofort schmerzlos in die Anderswelt schleudern. Wenn du die Möglichkeit hast, übe mit einem Samadhi-Tank.

Veränderte Bewusstseinszustände zu erlangen ist aus Sicherheitsgründen zwingend an die Fähigkeit gebunden, wieder unbeschadet in den Alltagszustand zurückzukehren.

Dieser Punkt kann nicht genügend betont werden, gerade Anfänger sind eher kritisch und zweifelnd, was die möglichen Effekte veränderter Bewusstseinszustände angeht. Was kann durch ein bisschen Trommelei schon passieren? Erst wenn es geklappt hat, wird ihnen bewusst, wie wichtig die geordnete Rückkehr in das Alltagsbewusstsein ist. Dabei gilt: Je stärker, länger und intensiver die normale Wirklichkeit verlassen wird, umso größer sind die Gefahren, die für manche Schamanen auch schon tödlich endeten. Diese Risiken betreffen allerdings in aller Regel wirklich nur **sehr** weit fortgeschrittene Schamanen, die sich Kämpfe mit mächtigen Dämonen zutrauen, die leider nicht immer glimpflich enden. Der «Hobby-Schamane» hat hier nichts zu fürchten. Habe keine Angst, aber Respekt vor der «wahren Wirklichkeit» der Anderswelt.

Was sind Krafttiere?

Ein Krafttier ist eine Art Schutzgeist, in christlicher Terminologie einem Schutzengel vergleichbar. Bei vielen Naturvölkern glaubt man, dass Clans, Familien und Einzelpersonen mit einem bestimmten Tier verbunden sind und dass dieses Tier seine Kraft, Geschicklichkeit und Weisheit zur Verfügung stellt. Weil es sich nicht um ein Tier aus Fleisch und Blut handelt, sondern um einen geistigen Helfer, hat es Zugang zu sämtlichen Möglichkeiten seiner Spezies, der Kollektivseele. Ein Krafttier ist ein Wesen, das als weise, heilkundig, kampferfahren, kraft- und energievoll gilt. Es gibt mehrere Möglichkeiten, sein Krafttier zu finden. Vielleicht ist es dir vorher schon einmal begegnet, oder du magst es schon seit langem, oder du wirst vielleicht von anderen Menschen mit diesem Tier verglichen. Dies können Hinweise sein, mag allerdings auch in die völlig falsche Richtung führen. Erst die schamanische Reise und andere Übungen können hier Gewissheit geben.
Generell, aber längst nicht immer und in jeder Situation sind Krafttiere gewillt, hilfreiche Verbündete zu sein, solange man sie nicht beleidigt. Man kann sie rufen, wenn man sie braucht, auch wenn es gelegentlich sehr viel mehr Kraft und Aufwand erfordert, bis dieser Ruf erhört wird, als sich der esoterisch gebildete Laie dies gelegentlich vorstellt.

Wie finde ich mein Krafttier?

Krafttiere sind vor allem bei westlichen Schamanismusbegeisterten schwer in Mode. Übersehen wird dabei, dass man auch sehr gut ohne Krafttier arbeiten kann und als Stadtmensch vielleicht sogar sollte. Eine unter Neo-Schamanen besonders hartnäckige Wandersage ist,

dass man sich sein Krafttier nicht aussuchen darf, sondern warten muss, bis man von seinem Krafttier ausgewählt wird. In Wahrheit besteht die Beziehung zwischen uns und unseren Krafttieren schon von Geburt an, ob wir uns dessen nun bewusst sind und unseren Vorteil daraus ziehen oder nicht. Hier sucht sich keiner den anderen aus, die Beziehung besteht einfach, es gilt, sie wahrzunehmen.
Das Krafttier ist ein Verbündeter, dein persönlicher Führer in die Geisterwelt. Es gibt viele Wege, das eigene Krafttier zu finden oder kennen zu lernen. Auch wenn dies den Widerspruch der meisten traditionellen Schamanen hervorrufen wird: Der sicherste und einfachste, wenn auch nicht besonders spektakuläre Weg, sein Krafttier zu finden, ist folgender: Beschäftige dich allgemein mit Tieren, schau dir Naturfilme an, gehe in den Zoo, lies Bücher über Tiere und ihre besonderen Eigenheiten und Fähigkeiten. Welche Tiere sprechen dich besonders an, welche stoßen dich ab? Meditiere über die Gründe. Je länger du dich mit der Tierwelt auseinander setzt, umso häufiger kommst du zufällig mit bestimmten Tieren direkt oder indirekt in Berührung. Bei Stadtmenschen wird sich das bei Hunden und Katzen ganz zwanglos ergeben. Wenn etwa alle Katzen, die dir begegnen, entspannt und freudig auf dich zugehen, obwohl nach Auskunft der Halter darunter besonders scheue und schreckhafte Tiere sind, die sich niemals Fremden zeigen, geschweige denn sich von ihnen streicheln lassen, dann hast du mit Sicherheit einen besonderen Draht zu Katzen und sie sind *eines* deiner Krafttiere. Kein Mensch hat nur ein Krafttier.
Das Krafttier, so es auf dich gewartet hat, ist in der Regel daran interessiert, Kontakt aufzunehmen, ob in der realen oder der Anderswelt. Krafttiere geben sich dir leicht zu erkennen.

Erfahrene Schamanen lassen sich von ihren Krafttieren an Orte in der Anderswelt bringen und auch zu mächtigeren Geistern, die dir in speziellen Fragen weiterhelfen können. **Dies gilt, wenn etwa der Kontakt zu Clantieren oder noch höheren Wesenheiten hergestellt werden soll, und ist wichtig, wenn du die Fähigkeit erwerben möchtest, dich oder andere zu heilen. Hier sind Krafttiere bei ernsteren Erkrankungen schlicht überfordert.** Wie man Zugang zu Clantieren erhält, muss dem persönlichen Unterricht oder eigenen Initiationserlebnissen vorbehalten bleiben. Selbst wenn du den Umgang mit deinen Krafttieren erlernt hast,

heißt das noch lange nicht, dass du dadurch zum Wunderheiler mutierst. Überschätze weder dich noch die Fähigkeiten deiner Krafttiere! Jedes deiner Krafttiere hat sein eigenes Spezialgebiet, für das es in deinen Reisen zuständig ist. Für Kraft könnte es beispielsweise ein Bär sein, für Voraussicht ein Adler, für Tapferkeit ein Wolf usw. Diese Zuordnungen können allerdings individuell stark variieren und es kann durchaus vorkommen, dass für einen bestimmten Menschen etwa ein schwarzes Zwergkaninchen das Krafttier für Mut und Tapferkeit ist. Je weniger spektakulär das eigene Krafttier und je «gewöhnlicher» seine Attribute, umso wahrscheinlicher ist es, dass du nicht einem egomanen Selbstbetrug aufgesessen bist.

Die Feinde deines Krafttieres sind von nun an auch deine Feinde. Sehr wichtig ist, dass du dir so viele Informationen über dein Krafttier besorgst, wie du kannst. Studiere die Eigenschaften deines Krafttieres und schau, welche dir selbst davon fehlen. Besorge oder bastle dir auch eine kleine Figur von deinem Krafttier oder trage ein Amulett mit dem Bild deines Krafttieres darauf. Es ist wichtig, dein Krafttier in Ehren zu halten – pflege die Freundschaft –, damit es bei dir bleibt. Selbstverständlich darfst du niemals das Fleisch deines

Krafttieres essen oder einen Angehörigen seiner Art töten. Im Gegenteil: So wie du Hilfe und Unterstützung von deinem Krafttier erwartest, so solltest du dich auch im alltäglichen Leben ganz konkret für sein Wohlergehen einsetzen.

Krafttiere und ihre Bedeutung

Die folgenden Beschreibungen sollen nur als allgemeine Anregungen gelten. Für dich mag eines dieser Krafttiere eine völlig andere Bedeutung haben. Du solltest die Texte erst lesen, nachdem du dein Krafttier gefunden hast.

Adler

Der Adler fordert von dir, mit dem Element Luft in Verbindung zu treten. Luft gehört zum mentalen Bereich, zur Freiheit und auch Vernunft. Der Adler lädt dich ein, dir dein Recht auf Freiheit zu nehmen. Dafür musst du dich von alten Abhängigkeiten und Verwundungen verabschieden.
Der Adler lädt dich ein, deinen Lebenshorizont zu erweitern. Viele sind besonders stolz darauf, dass ihnen der Adler als Krafttier begegnet. Doch zeigt dies nur, welch starke «Medizin» sie nötig haben, um aus ihrer persönlichen Lebenskrise herauszukommen. Der Adler gibt sich nicht mit Persönlichkeiten ab, die stark genug sind, ihr Leben selbst zu meistern, er kümmert sich um diejenigen, denen der Überblick fehlt.

Bär

Die Stärke der Bärenkraft liegt in der Selbstbeobachtung. Bären habe keine natürlichen Feinde, außer natürlich dem Menschen. Ihre überlegene Stärke lässt ihnen Zeit, sich mit sich selbst und dem Sinn ihrer Existenz zu beschäftigen. Der Bär sucht sich als Krafttier oft Menschen, die zu sehr im Kopf leben und denen gerade aus diesem Grund der Zugang zu wahrem Wissen versperrt ist, das schließlich immer über den Intellekt hinausgeht. Der Bär erscheint sehr oft berufenen Heilern als Krafttier.

Biene

Die Biene lebt in einer perfekt organisierten Gemeinschaft, dem Bienenstock. Sie kennt ihre persönliche Aufgabe innerhalb dieser großen Gemeinschaft. Sie lebt sonnenbezogen und tanzt den Sonnentanz, um zu kommunizieren. Die Biene kommt zu dir, um mehr Struktur, Organisation und Ordnung in dein Leben zu bringen. Sie verhilft zu der Erkenntnis, zu welchen enormen Leistungen wir fähig sind, wenn wir unseren Egoismus zurückstellen und uns in einem funktionierenden Gemeinwesen zusammenschließen.

Bulle

Der Bulle steht für Kraft, Reichtum und Wohlstand. Er verkörpert sexuelle Potenz und Fruchtbarkeit. Er repräsentiert die Kombination der Elemente Erde und Luft. Sich mit dem Bullen verbinden bedeutet: Zugang zur männlichen Kraft finden, sexuelle Potenz und erotische Kraft stärken, Kraft und Durchhaltevermögen in einer bestimmten Situation oder für ein bestimmtes Vorhaben bekommen, Reichtum und Fülle ins Leben bringen. Körperlich Geschwächten erscheint der Stier im Wortsinne als Krafttier.

Eber

Der Eber verkörpert Stärke, die Kraft und den Geist des Kriegers. Sich mit dem Eber verbinden bedeutet: sich Klarheit über eine neue Richtung verschaffen und die Kraft, in diese neue Richtung zu gehen. Der Eber erscheint oft in Lebenskrisen als Krafttier und verschwindet wieder, wenn die Krise vorbei ist.

Eule

Die Qualitäten der Eule sind Loslassen, Weisheit und Wechsel. Sich mit dem Thema Leben und Sterben konstruktiv beschäftigen. Wissen und Intelligenz.

Fabeltiere

Neben zahlreichen in Europa beheimateten, realen Tieren gibt es auch Tiere, die in anderen Dimensionen wahrgenommen werden: z. B. Drache, Lindwurm und Einhorn.
Tiere, die in Mythen, Märchen und Legenden vorkommen und die nach wie vor in den tiefsten archetypischen Schichten unseres Seins ihre Heimat haben. Falls uns ein solches Tier während einer inneren Reise oder in Träumen begegnet, sollte es von uns immer liebevoll begrüßt werden. Häufig werden auch Elementargeister, besonders wenn sie eine exotische Erscheinungsform haben, mit Fabeltieren verwechselt. Wir fragen einfach freundlich nach seinem Namen und was es uns mitzuteilen hat.

Falke

Der Falke lehrt Situationen genau zu beobachten und Gelegenheiten beim Schopf zu packen. Der Falke erscheint oft Menschen als Krafttier, die bei Entscheidungsprozessen zum Zögern und Zaudern neigen – oft so lange, bis die Chance vertan ist.

Fisch

Der Fisch ist das Symbol für Weisheit, Inspiration und ewige Jugend. Er befreit aus verfestigten Denkmustern und macht Mut, neue Wege («gegen den Strom») zu gehen. Sich mit dem Fisch verbinden bedeutet: alte, starre Denkstrukturen und verfestigte Muster im Leben aufbrechen. Nichts erzwingen und sich nicht verbiegen. Kreativ arbeiten und sich künstlerisch ausdrücken. Fische bekämpfen keine Probleme, sie umschwimmen sie. Fische müssen nicht sprechen, sie lehren durch ihr Tun. Fische erscheinen sehr selten als Krafttier.

Frosch

Durch seine gleichzeitige Verbindung zum Wasser und zur Erde war er häufig das Krafttier der Heiler, Seher und Zauberer. Sich mit dem Frosch verbinden bedeutet: sich der verborgenen Schönheit und Kraft der Natur öffnen. Heilung suchen oder schenken. Unterstützung bei Klärungs- und Reinigungsprozessen. Der Frosch ist für viele das geeignete Krafttier, die zu übertriebener Sparsamkeit neigen. Er bringt Reichtum, Fruchtbarkeit und Fülle in das Leben.

Fuchs

Der Fuchs ist der Diplomat und Trickster, der in scheinbar ausweglosen Situationen noch einen Ausweg weiß. Er verkörpert die Verbindung von Wildheit und Schläue. Sich mit dem Fuchs verbinden bedeutet: Hilfe zu erhalten bei einem bevorstehenden, kniffligen zwischenmenschlichen oder beruflichen Gespräch. Der Fuchs hilft, einen klaren Plan zu entwickeln und ihn umzusetzen. Der Fuchs ist allerdings auch ein Trickster, der es mit der Wahrheit nicht immer so genau nimmt. Auch dir gegenüber nicht. Sei also auf der Hut, wenn ausgerechnet der Fuchs dein Verbündeter ist!

Gans

Die Gans steht für Wachsamkeit und schöpferische Kraft. Gänse werben intensiv um ihren Partner und bleiben ihm treu. Sie wachen aufmerksam über ihre Familie und sind jederzeit bereit, sie zu verteidigen. Daher verkörpern sie auch die

Elternschaft. Sich mit der Gans verbinden bedeutet: sich aufs Vater-/ Muttersein und die damit verbundenen Pflichten einstimmen. Seine eigene schöpferische Kraft kennen lernen, ausdrücken und verstärken. Die eigene Wachsamkeit steigern. Sich mit der eigenen Familie aussöhnen.

Hase

Hasen bringen Glück, Heilung und Fruchtbarkeit. Darüber hinaus verkörpern sie Wiedergeburt und Unsterblichkeit. Sie symbolisieren lebendige, junge Lebenskraft im Frühling und reife Ernte in Sommer und Herbst, und ihnen wird außergewöhnliche Intuition zugeschrieben. Sich mit dem Hasen verbinden bedeutet: mehr Vertrauen in die eigene Intuition bekommen bzw. die Intuition stärken.
Hasen sind schlau und gerissen. Sie sind keine guten Kämpfer, können aber jedem Angriff ausweichen und den Gegner an der Nase herumführen.

Hirsch

Mit dem Hirsch wird eine ruhige, kraftvolle Stärke, Integrität und Unabhängigkeit assoziiert. Sich mit dem Hirsch verbinden bedeutet: Ruhe und Kraft für Projekte, an denen man arbeitet. Mehr Selbstvertrauen und Standhaftigkeit. Der Hirsch verkörpert auch den gehörnten Gott und ist in dieser Form der stärkste Verbündete, den es gibt.

Hirschkuh

Die Hirschkuh steht für Sanftheit und Anmut und damit für das weibliche Prinzip. Sie ist das Brückentier in die Feenwelt. Die Hirschkuh kommt als Krafttier zu Menschen, die Hilfe bei der Kontaktaufnahme zu Elementarwesen brauchen.

Hund

Er hilft uns in besonders schwierigen Lebenssituationen, wenn wir Beistand und Unterstützung auf einem Weg benötigen, den alleine zu gehen uns die Kraft fehlt. Der Hund ist der Inbegriff von Treue und Loyalität. Wem der Hund als Krafttier erscheint, dem könnten diese Eigenschaften in der normalen Welt fehlen. Der Hund ist ein ausgezeichneter Gefährte, aber ein schlechter Führer. Wenn du weißt, was du willst, gibt er dir die Kraft, deine Pläne durchzuführen. Hast du kein Konzept, ist der Hund als Krafttier ungeeignet.

Katze

Wachsamkeit, Auf-dem-Sprung-sein, aber auch Loslassen und Sinnlichkeit. Sie steht für die beiden Pole des Lebens, deren Wechselspiel für unsere Gesundheit von großer Bedeutung ist. Sich mit der Katze verbinden bedeutet: den Blick für alle Ebenen des Seins schärfen. Sinnlichkeit und Freude am Sex. Schnelligkeit, Mut, Entschlossenheit und Stolz. Genussfähigkeit, blitzschnell von tiefer Entspannung zu größter Aktivität wechseln können.

Kranich und Reiher

Sie verkörpern Langlebigkeit, Geduld und Durchhaltevermögen und stehen auch für geheimes Wissen. Sich mit dem Kranich verbinden bedeutet: Wissen erhalten, Geduld und Ausdauer. Sich mit dem Altern auseinander setzen. Sich mit dem Thema «Tod», «Übergang» und «Jenseits» beschäftigen, vielleicht auch durch schmerzliche Erfahrung im persönlichen Umfeld. Menschen mit Abhängigkeits- und Suchtproblemen erscheinen diese Vögel oft als Krafttier.

Kuh

Die Kuh gilt als nährend und heilend. Sich mit der Kuh verbinden bedeutet: sich mit dem Thema «Muttersein» und andere versorgen beschäftigen (müssen). Lerne Großzügigkeit in beide Richtungen: Geben und Nehmen. Die Kuh erscheint oft Menschen als Krafttier, die unter Einsamkeit und dem Gefühl der Nutzlosigkeit leiden.

Luchs

Der Luchs bewahrt die Geheimnisse vergessener magischer Systeme. Der Luchs ist nicht der Hüter, sondern der Kenner und Anwender dieser Geheimnisse. Die Kraft des Luchses ist Hellsichtigkeit. Der Luchs kann helfen, Dinge und Gegenstände zu finden, die andere versteckt bzw. gestohlen haben. Der Luchs ist klug und gerissen. Es erfordert viel Kraft, ihn als Verbündeten zu halten, was durch sein großes Misstrauen noch erschwert wird. Der Luchs betrügt niemals und kann sich für Verrat furchtbar rächen.

Otter

Otter sind immer in Bewegung und sehr neugierig. Der Otter kämpft nicht, außer er wird angegriffen. Er ist freundlich und abenteuerlustig und geht davon aus, dass andere es auch sind – bis zum Beweis des Gegenteils.

Otter lehren die Fähigkeit, wie man anderen freundlich und vorurteilslos entgegentritt. Er freut sich am Glück anderer. Er lehrt die Überwindung von Eifersucht und Zorn. Aber auch das Recht jeder Person auf ihr Dasein und den ihr angemessenen Platz in der Welt. Der Otter sagt dir, dass es an der Zeit ist, dir keine unnötigen Sorgen zu machen. Und fast alle Sorgen sind unnötig. Hänge dein Herz nicht an materielle Güter. Beschenke dich und andere reichlich.

Rabe

Der Rabe symbolisiert einen bedeutsamen spirituellen Einweihungsweg. Er sieht Zukunft und Vergangenheit und bewegt sich durch Raum und Zeit. Schon immer galt er als Bote zwischen den Welten. Seine Kraft konfrontiert radikal und massiv. Er bringt Heilung und tiefe Veränderung. Bei den Druiden galt er als Vogel der Todesgöttin. Viele Menschen, die unter Schuldgefühlen leiden und Angst vor dem Tod haben, haben auch Angst vor Raben. Sich mit dem Raben verbinden bedeutet: Unterstützung und Heilung bekommen, vielleicht mehr, als dir zu Anfang lieb ist. Einen Begleiter für den ungetrübten Blick in die Tiefen des Seins haben. Kontakt zur Unterwelt anstreben. Sich mit den dunklen Aspekten des Seins, aber auch mit Astrologie und Tarot beschäftigen.

Schildkröte

Lerne, deinen Gedanken eine Richtung zu geben, und verliere nicht das Gleichgewicht. Mache alles weniger hastig, dann wirst du sicher an das Ziel kommen. Die Schildkröte lehrt Unverwundbarkeit.

Schlange

Schlangen vereinen Kraft, Anmut, Geschmeidigkeit und Schnelligkeit in sich. Sie gleiten durch das Leben und streifen von Zeit zu Zeit scheinbar mühelos ihre alte Haut ab, ein Symbol der Unsterblichkeit und des Ablegens alter Gewohnheiten. Sich mit der Schlange verbinden bedeutet: Unterstützung in Transformations- oder Heilungsprozessen, d. h. eine außergewöhnliche Regenerationskraft. Kraft, Anmut, Flexibilität und Schnelligkeit im Leben werden verstärkt. Die Schlange als Krafttier gibt Schlauheit, Intelligenz, Überlegenheit über seine Feinde und Immunität gegen Gifte – vor allem im übertragenen Sinne: Die Bosheit («das Gift») anderer Menschen kann einem nichts anhaben bzw. richtet sich gegen diese selbst. Wer die Schlange als Krafttier hat, muss mehr als in anderen Fällen die Freundschaft zu diesen Tieren pflegen, sie beschützen, sich gegen die Jagd auf sie einsetzen. Unter keinen Umständen darf man jemals Schlangenfleisch essen oder

Produkte aus Schlangenhaut tragen. Wenn die Möglichkeit besteht, sollte man eine Schlange als Haustier halten. Wer die Freundschaft zu diesem Krafttier nicht pflegt, läuft Gefahr, dass sich die Intelligenz und «Gerissenheit» dieses Tieres gegen einen selbst richtet, man falsche Ratschläge erhält und im Extremfall sogar Opfer von Angriffen wird, die man durch eigene Dummheit provoziert hat.

Praktische Arbeit mit dem Krafttier

Du solltest die praktischen Möglichkeiten, die dir der Kontakt zu einem oder auch vielen Krafttieren bietet, weder unter- noch überschätzen: Krafttiere sind nur Tiere, die jedoch gleichzeitig über eine Gruppenseele verfügen und für dich machtvolle Führer in der Anderswelt sein können. Wenn dein Krafttier also z. B. ein Fuchs ist, so wird er über das Wissen aller Füchse, die je gelebt haben und leben werden, verfügen. Gleichzeitig kann er dich in der Anderswelt an die Orte bringen, zu denen du geführt werden möchtest. Dein Krafttier kann dir sämtliche Informationen beschaffen, die du benötigst, oder sehr viel genauer ausgedrückt: Es ist in den meisten Fällen in der Lage, dir genaue Informationen darüber zu geben, wie du an die gewünschten Informationen herankommst.
In der populären Form des westlichen Schamanismus wird viel zu viel Wert auf das «Reisen» gelegt. Wird der Kontakt nur auf dieser Ebene gepflegt, bleibt er kaum mehr als die Beziehung zu einer «Traumgestalt», die weder im Guten noch im Schlechten Außergewöhnliches bewirken kann. Soweit dies in unseren Breiten möglich ist, sollte man den praktischen Kontakt mit seinem Krafttier pflegen (und sei es nur durch Tiergartenbesuche) oder sich, so möglich, sogar ein solches Tier halten. Zwar ist die Schamanenreise unabdingbare Voraussetzung für weiteres schamanisches Arbeiten, und die Erfahrungen, die du damit machen wirst, werden dich vermutlich sehr erstaunen. Dennoch sind sie nur ein Teil der Arbeit und weder das Ziel noch das Ganze.
Wenn wir einem Menschen helfen wollen, kann man auf einer Schamanenreise sein Krafttier mit einem entsprechenden Auftrag zu ihm schicken. Dies muss jedoch alles auf

der «Astralebene» bleiben und wird nur in seltenen Fällen dramatische Wirkungen zeigen. Das heißt nicht, dass solche Formen des Sendens (also des Losschickens schamanischer Energie) praktisch wirkungslos sind – spürbare Effekte können hier selbst Anfänger erzielen –, man sollte ihre Wirkung aber auch nicht überschätzen. Du kannst das Gefühlsleben und die seelische Verfassung deiner Zielperson beeinflussen, aber du wirst es schwer haben, auch mit dem stärksten Krafttier ein Wandregal umzuwerfen.

Im Folgenden werden verschiedene Formen der Schamanenreisen beschrieben. Ihr Sinn und Zweck ist es zuerst einmal, sich mit der Anderswelt und ihrer erstaunlichen Realität vertraut zu machen. Die Anderswelt hat eben in Wahrheit mit Phantasiereisen und einer netten Märchenwelt herzlich wenig zu tun. Wer die verschiedenen Formen der «Reise» beherrscht und bei Bedarf blitzartig von der Anderswelt in die Normalwelt und umgekehrt wechseln kann, wird, wenn er sich lange genug mit seinem Krafttier vertraut gemacht hat, mit diesem für eine bestimmte Zeit in der Normalwelt verschmelzen können, d. h., zwischen dir und deinem Krafttier besteht für eine bestimmte Zeit kein Unterschied mehr. Wenn z. B. die Eule dein Krafttier ist, mag das Einswerden mit ihr in Prüfungen nützlich sein. Wer den Bären als Krafttier hat, wird, wenn er die Verschmelzung im richtigen Moment vollziehen kann, wohl kaum Opfer physischer Auseinandersetzungen werden, denn der Bär ist so stark, dass er keine natürlichen Feinde hat. Genauso gut wäre es in diesem Fall, wenn dein Krafttier der Hase wäre, denn so könntest du deinen Feinden uneinholbar davonlaufen. Bis du so weit bist, dass du mit deinem Krafttier in der Normalwelt eins werden kannst (ein Zustand, der sich ohne Risiko niemals sehr lange aufrechterhalten lässt), dauert es seine Zeit. **Doch das ist, nach einer langen Lernphase, der praktische Nutzen für den Stadtschamanen: dass wir unvermittelt die Fähigkeiten eines Krafttieres annehmen können, wenn wir sie benötigen.**

In der weitergehenden schamanischen Arbeit haben sie mehr die Funktion von Boten und Botschaftern, die uns den Kontakt zu wesentlich höheren und mächtigeren Wesenheiten verschaffen können. Dennoch dürfen wir nicht vergessen, dass wir mit unseren Krafttieren einen lebenslangen Pakt eingehen bzw. eingegangen sind: Wenn wir ihre Unterstützung und nicht gar ihre Feindschaft wünschen, müssen wir das uns Mögliche tun, um den realen Artgenossen unseres Krafttieres in jeder Hinsicht zu helfen.

Schutz- und Reinigungsrituale

Wer schamanisch arbeitet, muss spätestens ab dem Zeitpunkt, wo Reisen in die Anderswelt unternommen werden und vielleicht sogar therapeutisch mit anderen gearbeitet wird, in jedem Sinne des Wortes Wert auf größte Reinheit legen. Dies mag ein seltsam oder sogar belustigend wirkender Umstand sein, da die meisten berufenen Schamanen im praktischen Leben eher Chaoten sind, die mit Ordnung und übertriebener Sauberkeit nicht allzu viel am Hut zu haben scheinen. Wer von ihnen seinen Namen verdient, wird jedoch vor Beginn einer schamanischen Reise alle notwendigen Vorkehrungen treffen.

Vor Beginn eines schamanischen Zaubers müssen Körper und Psyche intensiv gereinigt werden, um keine Angriffsfläche für negative Energien, «Dämonen», zu bieten. Noch wesentlich wichtiger ist die Reinigung nach der Arbeit: Nun haftet einem der eigene Seelenmüll und der anderer an, man ist wirklich gar auf Dauer «eingedreckt», wenn man nicht sehr sorgfältig darauf achtet, diesen Psychoschmutz, wie Ängste, Überheblichkeit, Krankheiten, die man aus dem Klienten «gezogen» hat, so schnell wie möglich wieder loszuwerden. Wird dies unterlassen, setzt man sich der Gefahr aus, sich anzustecken und Opfer der Negativität und Krankheiten seiner Umgebung zu werden. Dieser Rat ist sehr ernst gemeint. Wer schamanisch arbeitet, wird anfälliger, empfindlicher, als er es vorher war, und entsprechende Vorsorgemaßnahmen sind notwendig, soll Übles verhindert werden. Vergleichbar ist dies mit einem Menschen, der bisher taub war, nun aber die Fähigkeit erlangt hat, zu hören: Plötzlich kann Lärm ein Problem sein, einen sogar körperlich verletzen und krank machen. Solange wir taub waren, brauchten wir uns um dieses Problem keine Gedanken zu machen, wir waren immun. Ähnlich ist es, wenn wir schamanisch arbeiten: Wir werden verletzlicher, angreifbarer. Geeignete Schutzmaßnahmen, zu denen an erster Stelle eben die Reinigungs-

rituale gehören, sind nun unverzichtbar.

Wie reinigt man sich vor und nach schamanischen Praktiken?

Die wichtigsten Reinigungsrituale eines Stadtschamanen sind so trivial wie wirkungsvoll: Dusche vor und nach dem Schamanisieren gründlich! Lege saubere Wäsche bzw. Unterwäsche an (die Kleidung für das Schamanisieren sollte nicht so oft gewaschen werden, damit sie nicht ihre Ladung verliert. Hier empfiehlt sich daher Schmutz abweisende Kleidung, etwa aus Leder.)
Wir haben fast alle schon die Erfahrung gemacht, dass wir aus irgendwelchen Gründen mit Menschen zusammen sein mussten, die wir als unangenehm oder sogar als abstoßend empfanden. Hier reichten vielleicht schon die «dreckigen» Witze aus, die wir uns anhören mussten, oder der andere Mensch hatte einfach etwas Schmieriges an sich, von dem dann gegen unseren Willen etwas an uns kleben blieb ...
Viele machen in einer solchen Situation instinktiv das Richtige: Sie waschen, duschen oder baden sich und wechseln die Kleidung. Ähnliche Gefühle haben wir ja auch nach einem enervierenden, anstrengenden Arbeitstag, den wir hinter uns lassen wollen.
Beim Schamanisieren können wir

die Wirksamkeit noch erheblich steigern, indem wir die Reinigung jeweils mit einem Segensspruch verbinden, etwa vor der Arbeit:
«Ich bin innerlich und äußerlich gereinigt und auf die gleich folgende Reise bestens vorbereitet; alles Gute werde ich aufnehmen, das Negative wird an mir abperlen, ohne mich zu berühren.»
Nach der Arbeit:
«Alle Belastungen und Verunreinigungen, die ich durch die Reise erfahren habe, wasche ich mühelos ab und lasse sie ihres Weges ziehen. Ich bin erholt und erfrischt in die Alltagswelt zurückgekehrt.»

Das blaue Ei

Eher eine Schutz- als eine Reinigungstechnik ist die Imagination eines großen blauen Eies: Du stellst dir intensiv vor, von einem leuchtenden, schützenden blauen Ei umgeben zu sein. Der Abstand vom eigenen Körper sollte zwischen einem und maximal drei Metern betragen. Du solltest dir das kosmische Ei so intensiv vorstellen können, dass du es regelrecht sehen und spüren kannst. Es bildet eine Art Schutzmantel um dich und deine Psyche, der dich für negative Einflüsse regelrecht unsichtbar und unangreifbar macht. Neben Situationen, in denen wir Angst haben oder uns abgrenzen wollen oder müssen, ist dies eine sehr gute Übung der Konzentrationsfähigkeit vor dem Einschlafen.

Räucherungen

Hat unangenehmer Besuch die Atmosphäre verpestet oder sind wir selbst das Opfer unerfreulicher Gedanken, können Räucherungen den Raum wieder reinigen. Am häufigsten werden hier Weihrauch und Salbei verwandt. Auch Sandelholz hat eine stark reinigende Wirkung.

Der Wachhund

Auf deinen schamanischen Reisen kannst du auch ein altes Ritual verwenden, das sich sehr bewährt hat: Suche und wähle einen persönlichen Wächter und gib ihm einen Namen. Es gibt hierfür ein Ritual, das als «Erschaffen des Wachhundes» bekannt ist. Es ist nach vielen Jahrhunderten noch immer kraftvoll; und wenn du die Worte ein wenig veränderst, kannst du sie verwenden, um deinen persönlichen Wächter zu rufen bzw. zu erschaffen, was letztlich das Gleiche ist.

Das Rufen des Wächters sollte in etwa so lauten:
Erhebe dich, Wächter … (von dir gewählter Name des Elementarwesens), damit ich dich unterweise, über mich und die Meinen zu wa-

chen. Blicke nach Osten und Süden, nach Westen und Norden, über dich und unter dich und aus welcher Richtung auch immer das Übel zuschlagen kann. Sei uneingeschränkt stark und wachsam für ein Jahr und einen Tag. Wenn deine Zeit um ist, mögest du an deinen eigenen Ort zurückkehren und mögest du gesegnet sein, so wie es dir zukommt.

Ein Wächter ist normalerweise ein Elementarwesen, dessen Form durch deinen Willen jede Gestalt, die du willst, annimmt. **Kein Elementarwesen sollte jemals zu dauerhafter Arbeit, welcher Art auch immer, gezwungen werden**. Daher auch das Zeitlimit von einem Jahr und einem Tag. Danach schaffe dir einfach einen neuen Wächter. Du kannst den «Wachhund» verwenden, wenn du fern von zu Hause bist und das Bedürfnis von Schutz, welcher Art auch immer, hast. Er ist sehr wirksam; bei medialer Veranlagung kann er sogar gelegentlich physische Gestalt annehmen.
Wenn du ein starkes Krafttier hast, das zum Kämpfen geschaffen ist, kannst du es auch für eine gewisse Zeit als Wächter beauftragen. Dann steht es dir allerdings für keine andere Aufgabe zur Verfügung.

Parfums

Mit Parfums kann man sich auf den Beginn und das Ende schamanischer Handlungen konditionieren. Dies ist vor allem dann sinnvoll, wenn man in Wachtrance mit anderen arbeitet, die Möglichkeit von Räucherungen also entfällt.
Da Parfums hier als «Anker» sowohl für den Beginn wie das Ende einer schamanischen Handlung dienen sollen, müssen die Gerüche entsprechend aufeinander abgestimmt werden, da auch eine gründliche Dusche einen intensiven Geruch nicht völlig entfernt.

Eine Reise in die Mittelwelt

Wir beginnen mit der ersten «richtigen» Schamanenreise:
Die folgende Übung ist meiner Erfahrung nach in besonderem Maße für Frauen geeignet, kann jedoch auch von Männern mit Erfolg praktiziert werden. Sie ist an die in der Psychologie bekannten Phantasiereisen angelehnt.

Bei dieser Übung oder «Reise» wirst du Gelegenheit haben, möglicherweise zum ersten Mal die Wirklichkeit der Anderswelt kennen zu lernen bzw. wieder zu entdecken, denn jede Reise in die Anderswelt ist letztlich die Rückkehr an Orte, wo du schon einmal warst, die dir eigentlich vertraut sind, deren Existenz du nur in der Alltagswirklichkeit vergessen hast. So wie man die meisten seiner Träume vergisst und manch einer nicht weiß, dass er fast jede Nacht den gleichen Traum hat. Denke daran, dass alles, was dir widerfährt, ein Aspekt **deiner** anderen Wirklichkeit ist und deshalb auch die scheinbar unwichtigste Kleinigkeit von großer Bedeutung für dich sein kann. Da du bei dir bist, sei ruhig und unbesorgt, es kann dir nichts geschehen, außer der Begegnung mit dir selbst!
Nimm dir nicht vor, irgendetwas Spektakuläres zu erleben, du bist weder auf einer Party noch im Kino! Sei bereit und offen für alles, was da kommen möge. Heiße willkommen, was immer du siehst, spürst, hörst oder erfährst, denn das bist du, wenn vielleicht auch aus einer sehr ungewohnten Perspektive.
Selbst wenn scheinbar nichts passiert, mache dir darüber keine Gedanken. Spirituelle und schamanische Erfahrungen können niemals erzwungen werden. Nicht bei jedem klappt es beim ersten Anlauf. Das ist kein Problem! Bleibe gelassen und versuche es nach einiger Zeit entspannt und voller Vertrauen wieder.
Nimm eine Augenbinde. Wähle geeignete Musik oder schamanische Trommelrhythmen auf CD, und höre sie über Kopfhörer. Die Musik ist dein Reittier in die Anderswelt. Das ist ein entscheidender Punkt. Mach dich genau mit dem Inhalt der Übung vertraut, du solltest jeden Schritt, den du unternehmen wirst, genau kennen.

Die Reiseanleitung

Verwende eine dir geläufige Entspannungstechnik, oder verwende als Einstieg die am Anfang beschriebene Elemente-Meditation. Nimm in jedem Fall eine Position ein, die du längere Zeit völlig bewegungslos aushalten kannst, denn nur so kann sich das Bewusstsein vom Körper lösen.
Atme langsam und tief in den Unterbauch. Stelle dir vor, wie du das Haus verlässt und vor der Tür eine völlig fremde Landschaft wahrnimmst. Vielleicht ist es Tag oder auch Nacht oder es scheint ein unwirkliches Licht, all dies ist möglich, erwarte nichts, lass dich überraschen. Was auch immer du siehst, du weißt instinktiv den Weg, den du gehen willst und musst. Jedes Detail, das dich umgibt, siehst du

mit großer Klarheit. Schaue dich genau um, wo du dich befindest, und mache dich in aller Ruhe mit der Umgebung vertraut.
Gehe deinen Weg immer weiter in die Richtung, in die dein Instinkt dich führt. Genieße die wachsende innere Ruhe, je weiter du gehst.
Dein Weg wird dich in einen Wald führen, der dir Kraft, Sicherheit und Geborgenheit gibt.
An einer Stelle findest du plötzlich eine unerwartete Abzweigung und findest dich vor einem großen Spiegel wieder. Dies kann ein «echter» Spiegel, ein See oder sogar der Bildschirm eines Fernsehgerätes oder Computers sein. Wie auch immer: Du spürst genau, dass du dein Ziel erreicht hast.
Nimm Platz und beobachte in aller Ruhe den Spiegel, bis auf ihm ein Bild erscheint.
Sei nach wie vor auf alles vorbereitet und erwarte nichts. Vielleicht erscheint langsam oder plötzlich ein Tier, eine Person, ein Geist oder ein Fabelwesen.
Warte freundlich und höflich, bis sich das Wesen aus dem Spiegel an dich wendet, und begrüße es voller Respekt. Höre genau zu, was dir das Wesen aus dem Spiegel mitteilt, denn es ist nur für dich erschienen!
Wenn es dir richtig erscheint, stelle die Fragen, die dein Herz bewegen. Merke dir die Antworten genau, auch wenn du ihren Sinn im Moment nicht verstehst. Das ist sehr wichtig.
Frage zum Schluss, ob das Wesen dir noch etwas mitteilen möchte, das du nicht gefragt hast. Frage, ob du wiederkommen darfst und wie du das Wesen nennen sollst. Frage, was du für das Wesen tun kannst, und bedanke dich für seine Hilfe.
Wenn dir eine Aufgabe gestellt wird oder ein konkreter Wunsch geäußert wird, solltest du dies sehr ernst nehmen.
Gehe jetzt deinen Weg zurück. Je mehr du dich deinem Haus näherst, umso mehr kehrst du in die alltägliche Wirklichkeit zurück. Sobald du dein Zimmer erreicht hast, ist die Reise beendet. Schreibe so bald wie möglich deine Erfahrung detailliert auf! Nimm dir genügend Zeit, um wieder im Alltag zu landen.
Wenn die Übung erfolgreich war, kannst du sie immer wieder wiederholen. Vielleicht war das Wesen im Spiegel dein Krafttier oder auch ein verstorbener Freund oder ein anderes Geistwesen. Das ist nicht so wichtig: Wenn du dich an alle Vereinbarungen gehalten hast, hast du einen Verbündeten gefunden, der dir immer Kraft und Rat geben wird, wenn du ihn aufsuchst. Unter einem Verbündeten versteht man alle Wesen der Anderswelt, mit denen du echte Freundschaft schließt. Wenn du Hilfe für Probleme brauchst, die deinen Verbündeten

überfordern, wird er dir bei genügend Vertrauen den Kontakt zu anderen Kraftwesen herstellen, die sich mit deiner momentanen Schwierigkeit besser auskennen. Denke daran: Bei deinen Besuchen in der Anderswelt ist es wie bei «normalen» Freundschaften auch: Sie wollen gepflegt werden und man muss sich aufeinander verlassen können! Halte dich also an alle Vereinbarungen und komme nicht nur, wenn du etwas willst, sondern mache auch einfach mal einen Freundschaftsbesuch bzw. frage von dir aus nach, was du für deine Verbündeten tun kannst.
Diese Übung kann sehr wirkungsvoll sein und sich mit der Zeit an Effektivität und Intensität immer mehr steigern. Schreib alles auf, damit du die Eigenheiten, Namen und Wünsche deiner Verbündeten nicht durcheinander bringst.
Führe das Ritual immer unter den gleichen Bedingungen durch: zur gleichen Uhrzeit, am gleichen Ort, in der gleichen Haltung, mit der gleichen Musik. Wenn du regelmäßig den gleichen Duft eines Räucherstäbchens verwendest, kann sich die Wirkung noch erheblich verstärken. Nach einiger Zeit der Übung hast du dein Unterbewusstsein so programmiert, dass Musik und Geruch schon ausreichen, um dich unmittelbar in Trance fallen zu lassen, und du befindest dich «per Knopfdruck» in der Anderswelt.

Ein besonderer Vorteil dieser Übung ist, dass du in der «Mittelwelt» reist, die bei den meisten schamanischen Übungen vollkommen vernachlässigt wird!
Später, wenn du sehr viel Erfahrung mit deinen Verbündeten gesammelt hast, genügt es, dass du dich (z. B. über den gewohnten Räucherstäbchengeruch) in eine leichte Tagtrance versetzt, den Namen des Verbündeten rufst und ihn um den Rat und die Unterstützung bittest, die du gerade benötigst. Wenn du z. B. einem kranken Menschen helfen möchtest, frage einfach den in diesem Bereich kompetenten Verbündeten, was du tun musst, damit es dem Kranken besser geht.

Denke daran, was im Kapitel über Wachtrance und Hypnose gesagt wurde: Wenn du lange genug den Kontakt zu deinem Verbündeten gepflegt hast, genügt die alltägliche Wachtrance oder auch die Trancezustände nach dem Aufwachen und vor dem Einschlafen, um deinen Freund aus der Anderswelt einfach bei seinem Namen zu rufen, er wird

unmittelbar erscheinen, und es wäre ein Grund zur Sorge, wenn er dies längere Zeit nicht täte.
Im Folgenden werden noch viele weitere Möglichkeiten von Schamanenreisen beschrieben, klassische und exotischere. Wenn du mit dieser Reiseform gute Erfolge erzielst und viel Zeit und Energie auf sie verwendest, gibt es keinen Grund, unbedingt auch die anderen Reiseformen anzuwenden. Andererseits muss Abwechslung nicht schaden. Verlass dich auch hier ganz auf dein Gefühl! Wichtig ist allerdings, dass du regelmäßig, am besten täglich «übst».

Über die traditionelle schamanische Reise

«Tue es jetzt, nicht gelegentlich. Realisation geschieht nicht durch die bloße Äußerung der Worte ‹ich bin ich› noch durch Selbst-Missbrauch, sondern durch den lebenden Akt.»
Austin Osman Spare

Die Transportmittel in die andere Wirklichkeit

Das Schamanisieren ist immer eine sehr individuelle Angelegenheit. Es existieren unterschiedliche Techniken und Methoden, die jeder Praktizierende jedoch nach seinen Bedürfnissen und Vorlieben umsetzt. In vorausgegangenen und folgenden Kapiteln werden einige Methoden, die Verwandtschaft zum Yoga, dem Neurolinguistischen Programmieren (NLP) und traditionellen Anleitungen zum luziden Träumen haben, vorgestellt. All diese Techniken lassen sich für schamanische Reisen nutzen, doch nicht alle fallen jedem gleich leicht und bringen auch nicht die gleichen Ergebnisse. Im Folgenden wird der traditionellere Weg oder das, was allgemein dafür gehalten wird, vorgestellt:
Als traditionelles tranceförderndes Instrument wird, wie schon erwähnt, die Trommel verwendet, und gerade in esoterisch-neo-schamanischen Kreisen kann man oft eine einseitige Fixierung auf dieses Transportmittel feststellen. Andere Instrumente wie Didgeridoo, Rasseln, Rainmakers, Klangschalen usw. können jedoch gleichwertig

verwendet werden und sind mittlerweile auch recht verbreitet. Sinn dieser Instrumente ist es, durch monotone Geräusche eine Loslösung von der «normalen» Außenwelt zu erreichen, welche die eigentliche Trancereise erleichtert bzw. erst ermöglicht. Die Wahl des Instrumentes bestimmt auch teilweise die Art der Reise und wie die Reise erlebt wird. Derjenige, der das Instrument spielt, muss wissen, dass die Motivation und Konzentration des Spielers wichtiger ist als das Instrument selbst. Die Intention wirkt auf das Spielen des Instrumentes und überträgt diese auf den schamanisch Reisenden. Ebenso ist ein Mittel zum rituellen Beenden der Reise sehr wichtig. Endet der Klangteppich, so endet auch die Reise. In der Praxis bewährt es sich, ein Rückholsignal zu vereinbaren, welches nach einer festgelegten Zeitspanne gespielt wird, um dem Reisenden zu bedeuten, er möge zurückkehren. Auch dies ist ein so genannter Anker, was im Folgenden noch genauer erklärt wird.

Geschichte von Trommel und Schamanenkostüm und die zeitgemäße Umsetzung für den Stadtschamanen

Die Trommel und das Kostüm haben im traditionellen Schamanismus neben zahlreichen anderen schamanischen Bedeutungen auch Schutzfunktionen und trancefördernde Aufgaben. Fransen vor den Augen etwa «versperren» den Blick auf die alltägliche Wirklichkeit. Bereits das Anlegen des Kostüms ist trancefördernd, zumal das Schamanenkostüm selbst mit Kraftgegenständen aus der Geisterwelt bestückt ist. So wurden auch Schamanen in der Sowjetunion leicht ausfindig gemacht. Während der kommunistischen Regierung wurden Schamanen verfolgt. Bereits der Besitz einer Trommel oder eines Schamanenspiegels konnte den Tod des Besitzers bedeuten. Der Schamanismus wurde auf diese Weise beinahe ausgerottet. Schamanen wurden angeblich sogar aus Flugzeugen geworfen; sie sollten ihren Seelenflug demonstrieren. Die Schamanen hatten starken Einfluss auf die Bevölkerung und standen dem sozialistischen Machtapparat daher im Wege. Nur wenige Schamanen überlebten diese Zeit. Heute besinnen sich die sibirischen Stämme auf ihre Traditionen und

beleben die alten Riten wieder, die fast schon ausgestorben waren. Der Rhythmus der Trommel und der schamanische Gesang erklingen inzwischen wieder ungestört und bilden erneut eine Brücke zwischen Alltags- und Anderswelt.
All dies ist für Ethnologen und Religionswissenschaftler wichtig und interessant. Es befremdet mich jedoch immer, wenn auf Seminaren und Schamanentreffen Leiter oder Teilnehmer meinen, in ihrem Outfit sibirische oder indianische Traditionen kopieren zu müssen. Dies wirkt auf mich ähnlich seltsam, wie einen Schwarzen im bayerischen Trachtenkostüm oder Japaner jodeln und schuhplatteln zu sehen. Solche Stilbrüche sind natürlich nicht wirklich schlimm, für manchen mögen sie sogar wichtig sein, z. B. weil er tatsächlich einen tibetischen Lehrer hat, der auf dem Tragen der traditionellen Tracht besteht.
Für den modernen Stadtschamanen sind solche Demonstrationen jedoch unbedingt zu meiden: Man bläht sein Ego auf («Schaut mal her, wie besonders und spirituell ich bin. Man sieht's mir gleich an der Kleidung an!») und macht sich weithin lächerlich.

Dennoch sollte der Stadtschamane seine eigene rituelle Tracht entwickeln: Er sollte sich bestimmte Kleidungsstücke auswählen, die bequem zu tragen sind. Welcher Art die Kleidung ist, ist völlig gleichgültig, dies kann ein Trainingsanzug oder auch einfach Jeans und T-Shirt sein, besser noch sind robuste Kleidungsstücke, wie wir gleich sehen werden. Wichtig ist, dass diese Kleidungsstücke ausschließlich zum Schamanisieren verwendet werden und so selten wie möglich gewaschen werden. Natürlich möchte niemand verdreckt herumlaufen, doch auch die Kleidung lädt sich mit Schamanenenergie auf, die bei einer normalen Maschinenwäsche verloren geht. Empfehlenswert sind daher Kleidungsstücke aus Leder bzw. Wildleder, die nicht so schmutzempfindlich sind. Die darunter getragene Unterwäsche gehört nicht zur Schamanenbekleidung und kann daher bedenkenlos in die Waschmaschine gesteckt werden. Muss die Schamanenkleidung doch einmal gewaschen werden, so muss dies durch den Schamanen selbst und von Hand geschehen. Anschließend sollte sie erneut geweiht werden, indem man sie mit dem Rauch eines Räucherstäbchens reinigt.

Eine Variation für Faule und Fortgeschrittene ist, dass man die rituelle Kleidung auf das Notwendigste reduziert. Das kann ein Tuch sein, das man nur zum Schamanisieren anlegt, eine Kette oder ein Ring. Einer meiner besten Schüler hat sein Bekleidungsritual darauf reduziert, dass er während des Schamanisierens seinen Ehering von der rechten auf die linke Hand steckt.

Schaffe dir also dein eigenes Bekleidungsritual und vermeide exotische Eskapaden.

Gleichzeitig solltest du deine Kraftgegenstände bei dir haben, etwa in einem unauffälligen Beutel. Einen modernen «echten» Stadtschamanen erkennst du daran, dass man aufgrund seines Äußeren niemals darauf käme, dass er ein solch absonderliches Hobby pflegt – unauffällig und unbeachtet gleitet er durch die Menge und vermeidet so, zum Opfer negativer Energien seiner frustrierten Umwelt zu werden. Stadtschamanen wollen nichts weniger, als durch Kleidung, Verhalten oder andere Äußerlichkeiten in der Öffentlichkeit auffallen. Die Trickster unter ihnen bilden eine Ausnahme: Sie fallen durch scheinbare Blödeleien, unangemessenes Benehmen u. Ä. auf, um ihre Umgebung, wo nötig, in ihrem Sinne zu manipulieren. «Schamanisch» werden diese meist lustigen Peinlichkeiten niemandem vorkommen.

Reiseziele der Schamanen

Die schamanische Wirklichkeit wird in fast allen Kulturen in Ober-, Mittel- und Unterwelt unterteilt: «Himmel, Erde, Hölle» (Siehe Einleitung). In vielen Kulturen werden diese Welten durch einen Baum als vertikale Achse miteinander verbunden. Im Keltogermanischen wurde dieser Baum Yggdrasil («Schreckliches Pferd») genannt und mit einer Esche oder Eibe identifiziert. Das Erklettern des Lebensbaumes wird oft als Mut- und Kraftprobe gesehen. In einigen Gegenden Zentraleuropas wird dieser Brauch noch heute ganz real und nicht in der Anderswelt gepflegt, etwa beim Erklettern des eingefetteten Maibaums. In schamanischen Kulturen erklettert der Schamane den Baum, um damit symbolisch seine Fähigkeit zu zeigen, zu den verschiedenen Welten reisen zu können. In der Praxis (im Westen) wird fast ausschließlich mit Besuchen der Unterwelt gearbeitet, vielleicht weil der Zugang hier am leichtesten ist (was ich bezweifle) oder hierzu am meisten Literatur existiert (was ich für wahrscheinlicher halte). Ein weiteres Problem ist, dass sich in der Oberwelt die Götter befinden, was sich mit den monotheistisch-religiösen Vorstellungen vieler westlicher Neo-Schamanen nicht vereinbaren lässt. Kein «echter» Schamane ist Monotheist.

Halten wir uns also an die Tradition und beginnen unsere erste stilechte Schamanenreise in die Unterwelt. Und falls du das Kapitel über das Auffinden deines Krafttieres gelesen hast, kannst du dieses auch gleich kennen lernen, so es dir nicht schon auf der Reise in die Mittelwelt begegnet ist.

Übung: Schamanenreise in die Unterwelt

Gehe zu deinem selbst geschaffenen Kraftplatz in der Wohnung. Lege deine Schamanenkleidung an und lege deine Kraftgegenstände neben oder um dich herum. Mache die am Anfang beschriebene Elemente- oder Pentagrammmeditation so lange, wie es dir richtig erscheint – ob eine Minute oder ein Stunde, spielt hier keine Rolle.
Lege dich nun bequem hin und benutze die von dir gewählte Trommelmusik als «Reittier». Der Rhythmus trägt dich und gibt dir Halt und Orientierung. Falls du das möchtest, denk daran, dass du dein Krafttier finden willst und ihm die Möglichkeit gibst, dich zu finden. Ansonsten reise mit keinem anderen Ziel, als ein neues Land zu besuchen, dem du mit großer Neugier und Respekt begegnen wirst. Du kannst bei späteren Reisen CD-Aufnahmen von so genannten Phantasiereisen verwenden, die deinen Zwecken dienlich sind. Vorerst reicht uns erst einmal der Rhythmus. Vielleicht magst du Augenklappe und Kopfhörer verwenden, um dich ganz von der Außenwelt zu lösen. Wer sich entsprechend auskennt, kann zusätzlich eine so genannte audiovisuelle Mindmachine verwenden, doch auch diese brauchen wir auf unseren ersten Reisen nicht. Mache diese Reise alleine, denn in einer Gruppe kann nicht auf dein persönliches Reisetempo eingegangen werden!

Stell dir wie bei der ersten Reise vor, dass du dein Haus verlässt und vor der Tür eine völlig neue Welt vorfindest. Schau dich um, solange du Lust hast, und begib dich dann auf die Suche nach einem Einstieg in die Unterwelt. Dies kann ein Erdloch sein, welches in ein Höhlensystem führt, der Weg in einen tiefen Keller oder auch ein U-Bahn-Schacht. Findest du nichts Geeignetes, gehe einfach in ein Haus oder Hotel und benutze den Aufzug. Drücke den Knopf für das unterste Stockwerk, fahre hinunter, steige aus und staune!
Denn was immer du nun erlebst und siehst, es wird dich völlig überraschen.
Falls du dein Krafttier besuchen möchtest, wird es dich vermutlich gleich am Eingang abholen, so wie man das höflicherweise mit Gästen tut. Ansonsten musst du es rufen

und nach ihm suchen, es wird sich dann schon melden. Lernt euch kennen, sei vorsichtig und höflich, frage nach seinem Namen und ob es wirklich dein Krafttier ist und nicht nur ein neugieriger Scherzkeks, denn die gibt es in der Anderswelt auch, und achte sehr vorsichtig darauf, das Tier oder Wesen respektvoll zu behandeln und gleichzeitig aufzupassen, dass du nicht etwa aufs Glatteis geführt wirst oder dich zum Opfer deines eigenen Wunschdenkens machst. Dass es besser und sinnvoller ist, sein erstes Krafttier auf anderem Wege zu finden und auf der Reise dann besser kennen zu lernen, habe ich im Kapitel über Krafttiere ausführlich erklärt. Lass dich nicht verwirren, wenn andere Lehrbücher völlig andere Ansichten vertreten: Schamanen sind untereinander über den besten Weg zur Erkenntnis genauso zerstritten wie alle anderen «Gelehrten» auch. Auch hier bleibt dir wieder einmal nichts anderes übrig, als deinem Instinkt zu vertrauen, denn es ist dein Leben und dein Bewusstsein und jeder Mensch ist und reagiert anders. –

Alle wichtigen Entscheidungen müssen auf der Grundlage unzureichender Informationen getroffen werden.

Wenn du nicht dein Krafttier suchen möchtest, dann tue genau das, was im traditionellen Schamanismus angeblich als so überaus «gefährlich» gebrandmarkt wird: Mach eine Freistilreise! In der Unterwelt wirst du einen Ort vorfinden, wo alles möglich ist, wo jeder Augenblick eine neue Überraschung bereithält. Sei einfach vorsichtig und behutsam, sei dir aber auch bewusst, dass deine Kraftgegenstände und vor allem deine freundliche Einstellung dich schützen. Du wirst einer Vielzahl von Wesen, Landschaften, Stimmungen und wieder lebendig gewordenen Erinnerungen begegnen. Erfreue dich daran, schau dir alles an, nimm aber nichts mit, auch nicht, wenn man es dir als Geschenk anbietet! Lehne höflich ab mit der Begründung, dass du kein Gegengeschenk dabei hast, du aber bei der nächsten Reise, solltet ihr euch wieder treffen, etwas Passendes dabeihaben wirst. Wenn du zurückkehren willst oder du merkst, wie deine Kraft nachlässt, gehe einfach den Weg zurück, den du gekommen bist. Kehre immer langsam und in Ruhe zurück, übergehe diesen Schritt niemals. Denn es ist ein Teil deiner Seele auf Wanderschaft, und es ist wichtig, vollständig von deiner Reise zurückzukehren. Wird eine Reise abrupt abgebrochen, können «Seelenanteile» zurückbleiben, die du dann auf einer erneuten Reise suchen und wieder einsammeln musst («soulhunting»).

Die schamanische Reise ist verwandt mit dem luziden Traum und dem Träumen im Allgemeinen. Generell nimmt die Anzahl der luziden Träume zu, je länger und je intensiver du schamanisch arbeitest. Diese Beobachtung lässt den Schluss zu, dass Traum- oder Astralkörper und schamanischer «Reisekörper» identisch oder doch von großer Ähnlichkeit sind.

Reisetipps für die Unterwelt

Nach einiger Zeit wirst du feststellen, dass es eigene Regeln und eine Art Geographie in der Anderswelt gibt. Schamanisierende können sich im Laufe ihrer Arbeit mit der Zeit eine Art Landkarte zusammenstellen, auf der die wichtigsten Orte ihrer Anderswelt eingezeichnet sind. Bei manchen mag dies sehr schwierig sein, da sie sich gerne in fluktuierenden Realitätsräumen aufhalten, andere können sich tatsächlich eine Art Karte zeichnen. Orte wie der Weltenbaum, der Eingang, der Fluss der Zeit, des Schicksals, der Seelen, des Lebens und deren Quelle, wichtige Orte, an denen sich Lehrer oder Spezialisten aufhalten, Landmarken wie auffällige Berge, Seen usw. usf. Selbst Städte mögen sich dort befinden. Vielleicht gibt es vor dem Eingang zur Unterwelt einen Ort, an dem ein Wächter Opfer verlangt oder einen Kampf fordert. Das Gesagte gilt natürlich analog für die mittlere und die obere Welt – und für jede andere Welt, die schamanisch erreicht werden kann.

Du wirst innerhalb deiner schamanischen Laufbahn immer wieder sehr intime Informationen über dich, deine Verbündeten («Krafttiere») und später auch deine Klienten erhalten. Es ist sehr wichtig dabei, sich zu vergewissern, wie viel der Informationen überhaupt anderen Menschen mitgeteilt werden darf. Ein Beispiel sind Namen. Ein Wesen, das dir seinen Namen mitteilt, hat ihn vielleicht nur **dir** mitgeteilt und niemandem sonst! Falls du über diesen Namen nun Informationen suchst, solltest du, wenn die Geister weiter nichts dazu sagen, eher davon ausgehen, dass der Name ein Geheimnis darstellt. Er ist ein Geschenk an dich, das du nicht leichtfertig verspielen solltest. Nur du kannst nun mit diesem Namen das Wesen rufen und hast unmittelbaren Kontakt zu ihm.

Wenn du dein Krafttier gefunden hast, behalte es für dich! Dies dient deinem Schutz und deiner Kraft. So viele Möchtegern-Schamanen laufen herum und gehen damit hausieren, dass ihr Krafttier der Kondor, Adler oder Jaguar ist. Na ja, wer's glaubt … Hast du allerdings ein besonders unbeliebtes Krafttier, wie

z. B. eine Ratte, Ameise, Kakerlake o. Ä., dann mag es Gelegenheiten geben, wo du, wenn über deinen Verbündeten gelästert wird, du ihn durchaus verteidigen solltest, im Extremfall sogar mit dem Bekenntnis, dass es sich um dein Krafttier handelt. Hier geht es dann um Mut und Farbebekennen, was dir nicht nur in der Anderswelt honoriert werden wird. Ansonsten gilt: Klappe halten!

Turboreisen für etwas Fortgeschrittene

Wer schon Erfahrung mit schamanischen Reisen und der damit verbundenen Arbeit gesammelt hat, weiß, wie wichtig und schwierig es ist, sich zu jedem gewünschten Zeitpunkt in einen veränderten, den schamanischen Bewusstseinszustand zu versetzen. Wenn wir unmittelbar Wirkungen in unserer Alltagswirklichkeit erzielen wollen, müssen wir in der Lage sein, von einer Ebene blitzartig in die nächste zu wechseln.
Eine einfache Übung sind Baumpaare, die wir wie Türen durchschreiten, um tatsächlich mit einem Schritt in der Anderswelt zu landen. Praktisch anwenden lässt sich dies später dann gut mit realen Türen, indem wir uns darauf programmieren, bei ihrem Durchschreiten blitzartig über die gewünschten Fähigkeiten unserer Verbündeten zu verfügen.
Wenn du etwa eine Gehaltserhöhung brauchst und vor deinem Chef eher Angst hast, kann es für dich sehr hilfreich sein, wenn Eule und Fuchs zu deinen Krafttieren gehören: Bitte sie auf vorausgehenden Reisen, dass sie, sobald du die Tür zum Zimmer deines Chefs durchschreitest, sie dir all ihre Intelligenz und Schlauheit zur Verfügung stellen, sie quasi die Verhandlungen für dich führen. Für jedes Argument deines Chefs werden sie ein besseres dagegensetzen. Sobald du das Zimmer verlässt, bist du wieder «du selbst» und in der Alltagswirklichkeit. Solltest du die Gehaltserhöhung trotzdem nicht bekommen, wird wohl ein ernstes Gespräch mit deinen Verbündeten fällig sein. Die Technik des Ankerns sollte dir schon vertraut sein. Dies war dann eine Turboreise in die Mittelwelt …

Wie Schamanen heilen

Theorie und Praxis

Obwohl es je nach traditionellem Hintergrund und Kultur einerseits recht große Ähnlichkeiten in den Heiltechniken der Schamanen (zumindest innerhalb eines Kulturkreises) gibt, so existieren doch letztlich genauso viele Heilungsmethoden wie Schamanen selbst. Insbesondere einige Berufene, die keine traditionelle Ausbildung erhalten haben, arbeiten auch aus Sicht ihrer Arbeitskollegen sehr unorthodox, was die Qualität ihrer Arbeit keinesfalls schmälert, sie aber eben auch nicht auf die Arbeitspraxis eines anderen Schamanen übertragbar macht.

Bevor ich auf die konkrete Praxis der Heilung eingehe, möchte ich zum einen einige grundsätzliche, psychologische und «naturwissenschaftliche» Theorien beschreiben, wie es Schamanen gelingt, tatsächlich zu heilen. Denn dies ist eine inzwischen nur noch von leider in großer Zahl vorhandenen Ignoranten bestreitbare Tatsache, die Faktenlage unabhängiger Forschung zu den Erfolgen schamanischer Heilungszeremonien ist einfach zu erdrückend.

Zum Zweiten darf der obligatorische Hinweis nicht fehlen, dass von Selbstheilungsversuchen, besonders solchen ohne ärztliche Kontrolle, abgeraten werden muss. Dies gilt umso mehr für therapeutische Experimente an anderen. Hier macht man sich im Zweifel sogar strafbar und handelt ohne entsprechende Ausbildung auch völlig verantwortungslos.

Eine in Afrika verbreitete, aber auch sonst fast weltweit vorkommende einfache schamanische Technik ist, dass der Schamane, entweder mit Hilfe eines Rohres oder direkt mit dem Mund, die Krankheit aus dem Körper heraussaugt. Hier wird oft recht rabiat vorgegangen, der Patient soll durchaus spüren, dass an seiner erkrankten Körperstelle etwas passiert, das Übel in Bewegung gerät und schließlich tatsächlich herausgezogen wird. Als Beweis, dass der Krankheitsauslöser wirklich entfernt wurde, spuckt der Schamane nach getaner Arbeit einen Gegenstand, meist einen Stein, aus. Es wäre naiv zu glauben, dass der Schamane tatsächlich einen Stein aus dem Körper seines Patienten gesaugt hätte und dieser auch noch die reale Ursache seiner Erkrankung wäre. Mindestens genauso naiv wäre es aber zu glauben, dass dies ein vorsätzlicher Betrug am Patienten wäre: Er muss mit eigenen Augen sehen, dass der Krankheitsauslöser den Körper verlassen hat, damit er den Mut und die Kraft entwickeln kann, gesunden zu wollen und zu können. Hier mag der Kritiker von einem billigen Placeboeffekt sprechen. Zum einen sind Placebos in einer Vielzahl von Fällen wirksamer als «echte» Medikamente, zum anderen gehen dem Kritiker spätestens dann die Argumente aus, wenn auf diese Weise Krankheiten geheilt werden, denen schulmedizinisch nicht beizukommen ist.

Die Methode mit dem die Krankheit symbolisierenden Stein wird bei vielen aufgeklärten Westlern kaum funktionieren, zu plump wird ihnen der «Taschenspielertrick» erscheinen.

Umso erfolgreicher sind die ähnlich arbeitenden philippinischen Wunderheiler, die angeblich ohne Messer operieren und alles mögliche Gewebe aus der scheinbar offenen Wunde entfernen, die sich dann sofort wieder schließt, ohne Narben oder andere Spuren zu hinterlassen. Viele dieser Heiler arbeiten so schnell und effektiv, dass hier regelrecht im Minutentakt operiert wird. In meinem Bekanntenkreis haben sich schon einige erfolgreich operieren lassen und durchweg von einer Steigerung ihres Allgemeinbefindens berichtet. Dennoch zeigen alle Operationen, die ich beobachten konnte, einen zwar sehr eindrucksvollen, letztlich aber auch sehr einfachen Taschenspielertrick. Operiert wurde in Wirklichkeit gar nicht, und das entfernte Gewebe stammte in der Regel von Hühnern oder anderen Tieren, niemals jedoch von Menschen. Dennoch ist der Vorgang an sich, die Illusion, Blut aus dem eigenen Körper austreten zu sehen, und das schmerzlose Entfernen von angeblich krankem Gewebe, so beeindruckend, dass eine tatsächliche Heilwirkung einsetzt – der Glaube versetzt bekanntlich Berge.

Ich tue mich deshalb in beiden Fällen schwer, von Betrug zu sprechen: Der Patient macht eine tief greifende Katharsis durch, die oft zu einer tatsächlichen Gesundung oder zumindest einer Besserung seines Befindens führt.

In vielen Fällen anspruchsvoller schamanischer Tätigkeit ist die Situation ungleich komplexer: Hier greifen eine oft reale physische Therapie, etwa mit Heilkräutern, Methoden, die Ähnlichkeiten mit einer psychotherapeutischen Behandlung haben, Trancetechniken, die Wirkung psychoaktiver Pflanzen und nicht zuletzt der Beistand des familiären bzw. sozialen Umfeldes ineinander. Wer einmal miterlebt hat, welche dramatischen Wirkungen allein eine Hypnose haben kann, die weit über das unter normalen Umständen Mögliche hinausgeht, der braucht keinen Glauben und kein Übernehmen der schamanischen Weltsicht, um die zum Teil dramatischen Heilerfolge schamanischer Behandlungen anerkennen zu können.

Praxis

Aus der Vielzahl schamanischer Heiltechniken, mit denen ich theoretisch, vor allem aber praktisch vertraut bin, möchte ich einige wenige, die ich für besonders einfach, effektiv und risikoarm halte, vorstellen.
Hier sind drei verschiedene Bereiche zu unterscheiden:

1. Techniken, die der Schamanisierende ohne Verwendung von speziellen Trancetechniken zur Selbstheilung anwendet,
2. Techniken, bei denen Trancetechniken zur Anwendung kommen,
3. und schließlich Techniken, die eine von beiden Therapiebereichen für Patienten anwenden.

Heiltechniken ohne Trance

Eine der einfachsten, sichersten und für den Praktiker effektivsten Techniken ist sicherlich die Verwendung von «geladenen» Kraftgegenständen, wie sie ja bereits im entsprechenden Kapitel beschrieben wurde. *Ein einfaches praktisches persönliches Beispiel ist etwa die Verwendung eines entsprechend geladenen Kristalls gegen die damaligen Prüfungsängste meiner Tochter, die damals, obwohl sie den Unterrichtsstoff gut beherrschte, aus lauter Angst jede Klassenarbeit versiebte. Ihren Stein lud sie nun immer auf, wenn sie sich besonders selbstbewusst und stark fühlte. Während der Klassenarbeit reichte es nun aus, den Stein in der Tasche bei sich zu tragen und gelegentlich zu berühren, um die Ängste zum Verschwinden zu bringen oder doch zumindest stark zu mildern.*
Eine einfache psychologische Erklärung für diesen Effekt ist, dass durch den Umgang mit dem Kraftgegenstand ein Bündel an Erinnerungen abgerufen wurde, in denen sie sich bewiesen hatte, dass sie Stress und Angstsituationen bewältigen konnte. In der Prüfungssituation überlagerten diese unbewusst abgerufenen Erinnerungen die aktuelle Angst und brachten sie so zum Verschwinden.
Mit geladenen Kraftgegenständen lassen sich nachweislich mit Erfolg viele Hautkrankheiten, Warzen, allgemeine Schwächezustände, Kopfschmerzen und Schmerzzustände im Allgemeinen sowie neurotische Störungen behandeln. Du kannst Kraftgegenstände zur Unterstützung jeder ärztlichen Behandlung herstellen. Je mehr Kraft du durch deine Arbeit erworben hast, umso stärker werden auch deine Kristalle, oder was auch immer du aufgeladen hast, wirken.

Mit den Energien der Elemente heilen

In den Anfangskapiteln wurde ja bereits ausführlich auf die einzelnen Elemente, ihre Wirkungen und Heilwirkungen eingegangen. Bei psychischen Krisen, aber auch bei schweren körperlichen Erkrankungen sollte auf ihre Hilfe nicht verzichtet werden. Wenn du selbst krank bist: Reise in das Element, das dir bei deiner Krankheit am einfachsten helfen kann, hole dir dort Rat und Kraft von deinen Verbündeten und mache die praktischen Alltagsübungen, die zum jeweiligen Element beschrieben wurden. Möchtest du jemand anderem helfen, der deine Hilfe ausdrücklich erbeten hat, so kannst du für ihn die Reise antreten, deine Verbündeten um Rat fragen.

Den eigenen Kraftplatz nutzen

Wer sich psychisch oder physisch geschwächt fühlt, sollte sich so oft wie möglich auf den Kraftplätzen in seiner Wohnung aufhalten. Wessen Gesundheitszustand es zulässt, wird besonders davon profitieren, dass er seinen Kraftplatz in der Natur aufsucht und die ihm dort vertrauten Elementargeister um Hilfe bittet.

Übung: Schamanische Heilreise

Beginne wie gewohnt deine Reise mit dem Einstieg in die Unterwelt, wo du von deinem Krafttier empfangen und begrüßt wirst. Erkläre ihm, dass du krank bist und seine Hilfe brauchst. Bitte es, dich in die «unterirdische Bibliothek» zu führen. Je größer dein persönliches Problem ist, umso mehr musst du mit einer beschwerlichen Reise rechnen, die vielleicht auch in ungewöhnliche Tiefen führt. Wenn du die Bibliothek erreicht hast, wirst du ein riesiges Gewölbe vorfinden, das mit allen Büchern, die jemals existiert haben und existieren werden, angefüllt ist. Bitte dein Krafttier, dich zu dem Ort zu führen, an dem das Buch steht, das dein Problem und seine Lösung erklärt. Dein Krafttier wird, vielleicht nach einiger Suche, vor einem Regal stehen bleiben. Verharre ruhig und entspannt davor. Plötzlich wird ein Buch aus dem Regal direkt in deine Hände fallen. Schlage es wie zufällig auf, du wirst genau die Seite treffen, die dir die Antwort auf deine Fragen

gibt, auch wenn du zuerst vielleicht den Eindruck hast, dass der Text nichts oder wenig mit deinen Problemen zu tun hat. **Präge dir den Text gut ein, vor allen Dingen merke dir die Ratschläge, die du zur Lösung deines Problems befolgen musst.**
Stelle das Buch sorgfältig und vorsichtig an seinen Platz zurück und begebe dich auf den Rückweg. Manchmal trifft man auf einen Bibliothekar, der dich vielleicht nur in ein freundliches Gespräch verwickeln oder aber dich am Betreten oder Verlassen der Bibliothek hindern möchte. Erkläre ihm deine Situation und bitte um Nachsicht und Verständnis. Sollte dies nicht helfen, frage, welchen Preis er verlangt, und bezahle ihn, wenn er real einlösbar ist. Sollte sich der Wächter als verständnislos und bösartig erweisen, erkläre ihm, dass du nichts zu verlieren hast und deshalb mit deinen Verbündeten gegen ihn auf Leben und Tod kämpfen wirst. Je entschlossener du bist, umso unwahrscheinlicher ist es, dass es zu einem Kampf kommt, doch solltest du wirklich zu allem bereit sein. Ist dein Wille stark genug, wirst du den Kampf niemals verlieren.
Verlasse die Unterwelt auf genau dem gleichen Weg, wie du sie betreten hast. Bedanke dich am Ausgang bei deinem Krafttier. In die Normalwelt zurückgekehrt, solltest du deinem Krafttier bzw. deinen Verbündeten ein kleines, ihrem Wesen angemessenes Opfer darbringen.
Du weißt nun, woran du krankst und was dagegen zu tun ist.

Magische Schamanenreise auf die Astralebene der Elemente oder jeden beliebigen anderen Ort der Anderswelt

Du fertigst dir eine Art Spiel- oder Tarotkarte an, auf dem die Farbe und das Symbol des Elements ist, das du besuchen willst (siehe Anfangskapitel). Wenn du die entsprechenden Farben, geometrischen Formen und Sigel kennst, kannst du damit jeden Bewusstseinsraum, jede existierende Astralebene aufsuchen. Neben der Arbeit mit Sigillen ist dies die mächtigste und bei Missbrauch daher auch gefährlichste Technik eines Stadtschamanen. Wir beschränken uns daher hier vorerst auf Reiseanleitungen zu den Elementarebenen, die dir inzwischen zumindest theoretisch hinreichend vertraut sein müssten. Es handelt sich hier also um nichts anderes als um eine Reisevariante, wie sie am Anfang des Buches für die einzelnen Elemente beschrieben wurden. Du kannst beide Methoden abwechselnd verwenden oder dich auch einfach für die, die dir mehr liegt, entscheiden. Wenn du die «Kartentechnik» beherrschst, sind Reisen zu beliebigen Bewusstseinsebenen möglich, etwa den astrologischen Energien der Planeten, um nur ein Beispiel zu nennen. Wenn du mit der Sigillentechnik vertraut bist, kannst du deine Sigille sogar als Einstiegstore verwenden, um Welten aufzusuchen, in denen deine Wünsche bereits in Erfüllung gegangen sind. Dies ist allerdings in mehrfacher Hinsicht nicht ungefährlich und sollte nur unter Anleitung eines kundigen Lehrers geschehen. Beschränke deine Experimente also bitte auf die vier Ebenen der Elemente. Sinn und Nutzen ist der gleiche, wie am Anfang des Buches beschrieben. Allerdings werden deine Erlebnisse oft wesentlich konkreter, «wirklicher» sein als bei den traditionellen Reisetechniken. Falls du schon ein Krafttier hast, besuche bevorzugt das Element, in dem es sich am wohlsten fühlt. Ansonsten ist die Wahl des Elements abhängig von der Frage, die dich bewegt.

So geht's:

Zuerst wie immer die üblichen Vorbereitungs- und Reinigungsrituale. Passende Musik oder Rasseln können hilfreich sein, sind aber kein Muss. Mache eine dir vertraute Eingangsmeditation, gern auch mit einer Mindmachine, oder löse die «Turbo-Trance» durch deinen Anker aus (siehe entsprechendes Kapitel). Sehr wirksam zur «Einstimmung» ist auch die «Todesstellung» nach Spare, die weiter unten beschrieben ist. Sie ist allerdings nicht einfach und sollte am besten unter kundiger Anleitung erlernt werden. Halte die Karte in Augenhöhe vor dich und starre fokussiert mit dem magischen Blick (siehe Kapitel 7) so lange darauf, bis du die Komplementärfarben der Karte siehst, bei Rot also Grün. Nähere langsam die Karte so weit an dein Gesicht, bis diese die Größe einer Tür oder besser eines Tores hat, welches du schließlich mit deinem Bewusstsein durchschreitest. Dies ist der wichtigste und scheinbar schwierigste Schritt, der sich jedoch sehr viel leichter vollziehen lässt, als die meisten vermuten würden.

Bereits nach wenig Übung wird es

dir möglich sein, dich weiter in den Raum hinter dem Tor hinauszuwagen und die Welt dieser Astralebene zu erforschen. Den wichtigsten Hinweis, den man zu diesen Reisen geben kann, ist wie bei allen anderen schamanischen Reisen auch:

Sei achtsam und verhalte dich so, wie du dich als höflicher Mensch in einem fremden Land verhalten würdest.

Mit etwas Übung wird es dir auch möglich sein, mit Tieren, menschlichen Erscheinungen und anderen Wesenheiten dieser Ebene zu kommunizieren. Später kannst du auf dieser Ebene mithilfe deiner Verbündeten nach Medizin für einen kranken Freund suchen und sie ihm dort auch verabreichen.

Mit dieser im traditionellen Schamanismus außereuropäischer Prägung unüblichen Technik kannst du durchaus auch dein Krafttier treffen, obwohl ich ja schon deutlich gemacht habe, dass dessen Bedeutung, «Kraft» und Nutzen, gerade für den modernen Stadtschamanismus, in meinen Augen völlig überschätzt wird. Andere Wesenheiten können da sehr viel mehr für dich ausrichten. Übersieh sie daher auf keinen Fall, wenn sie den Kontakt zu dir suchen, nur weil du unbedingt einem Tier begegnen willst! Was auch immer du mit dieser extrem effektiven Technik anstrebst, du solltest wie immer nichts erzwingen wollen: **Alles ist möglich, nichts muss sein; diese Einstellung ist der Schlüssel zum Erfolg. Wer erzwingen will, erreicht nichts, zumindest nichts Gutes.**

Rückkehr in das Normalbewusstsein

Willst du zurückkehren, schlage den Weg ein, den du gekommen bist. Oftmals genügt der Wille zurückzukehren, um ein sogartiges Gefühl zu erzeugen. Die eben erlebten Bilder oder Landschaften rasen im Zeitraffer vorbei, bis man sich mit dem Gefühl, eine dünne Membran durchstoßen zu haben, vor der Karte mit dem Elementsymbol sitzend wieder findet.

Funktioniert das nicht, kehrt man den Weg bis zum Symbol zurück und tritt wiederum durch die Türe. **Führe akribisch deine Reinigungsrituale durch und notiere deine Erfahrungen in deinem schamanischen Tagebuch!** Beides ist sehr wichtig.

Nur um möglicherweise aufkommenden Irritationen zu begegnen: Traditionelle schamanische Reisen funktionieren, wie wir inzwischen wissen, grundsätzlich nach dem gleichen Prinzip, nur dass als Eingang keine Elementkarte, sondern, bei Reisen in die Unterwelt, eine Höhle, ein Ast- oder Erdloch, ein Aufzug, eine immer tiefer gehende Kellertreppe, eine U-Bahn ins Erdinnere u. Ä. gewählt wird. Ich halte die Kartentechnik für präziser, effektiver, besser zu steuern und in ihren Ergebnissen für spektakulärer. Wenn die Rahmenbedingungen erfüllt sind, gibt es fast beliebig viele Varianten, wie eine schamanische Reise aufgebaut werden kann. Auch hier muss man seine eigenen Erfahrungen sammeln und Entscheidungen treffen, welche Methode besser zu einem passt.

Am Anfang ist es prinzipiell hilfreich, wenn ein erfahrener Lehrer die Reise lenkt, im Wortsinne den Einstieg erleichtert und bei der Suche nach dem Krafttier, oder was immer du sonst anstrebst, hilft. Er sollte auch die Kraft, Autorität und Kompetenz haben, um eventuelle psychische Krisen der Teilnehmenden auffangen zu können. Diese kommen bei intensiven Reisen fast schon regelmäßig vor, haben aber bei entsprechender Führung auch eine reinigende und befreiende Wirkung. Es handelt sich eben um «starke Medizin»! Leider ist hier die schamanische Kompetenz vieler Seminarleiter nicht so groß, wie sie sein sollte. Die Kartentechnik kann nicht in der Gruppe geübt werden! Hier wäre höchstens Einzelunterweisung möglich. Alleine zu arbeiten lehrt dich, vorsichtig vorzugehen und dir bewusst zu bleiben, dass du ganz allein auf dich gestellt bist, daran ändert letztlich auch die Anwesenheit eines Lehrers nichts.

Probleme, die auf schamanischen Reisen auftreten können

Jeder Mensch reagiert verschieden auf schamanische Reisetechniken. Eine sehr häufige Blockade ist, dass zwar ein Kraftplatz gesehen wird und ein Eingang, der Reisende sich aber nicht fortbewegen kann. Die Ursache dafür ist in der Persönlichkeit des Reisenden zu suchen. Die Erwartungshaltung oder der Zweifel ist derart groß, dass alle Bewegungen behindert sind. Der Reisende steht sich buchstäblich selbst im Weg. Ein sehr guter Tipp, um dieses Problem anzugehen, ist, einfach so zu tun, als ob es funktioniert. Eine psychologische Technik, die übrigens fast immer funktioniert: Versuchen Sie einmal eine Viertelstunde lang «ernsthaft» so zu tun, als ob Sie gute Laune hätten, und schauen Sie sich das Ergebnis an!

Gelegentlich gibt es Menschen, die gar nichts sehen, wenn sie die Augen schließen, und sich einen Kraftplatz, also Einstieg vorstellen sollen. Das Führen einer schamanischen Reise, indem ein Schamane einem solchen Menschen die Bilder beschreibt, die er erleben soll, kann diesen Menschen zur Vision führen. Nicht gleich aufgeben, bloß weil man noch keinen optischen Eindruck von der Anderswelt besitzt. Manche brauchen auch einfach «stärkere Medizin», worauf hier nicht eingegangen werden kann.

Während der Reise wechseln die Bilder oft schnell. Das ist völlig normal und stört normalerweise nicht weiter. Später mit zunehmender Übung nehmen diese Sprünge in der Häufigkeit ab. Wenn du innerhalb einer Reise aus irgendeinem Grunde herausgerissen wirst und in die alltägliche Realität zurückkehrst, lass dich nicht irritieren. Du kannst sofort an der Stelle weitermachen, an der du unterbrochen wurdest, dies sollte allerdings auch umgehend getan werden, denn eine vollständige Rückkehr ist sehr wichtig.

Gegenstände, die Geister dir in der Anderswelt anbieten, darfst du nur

mitnehmen, wenn du weißt, was sie bedeuten. Höflichkeit und das Verhalten als respektvoller Gast verhindern nicht nur in der diesseitigen Welt viele Probleme …
Eine Schwierigkeit ist die Einschätzung des Ergebnisses der Reise an sich. Wichtig dabei ist, dass die eigene Reise nur von dir selbst interpretiert werden kann. Hilfestellung erfahrener Reisender sind höchstens Anregung zur eigenen Sicht der Reise. Ein Merkmal der schamanischen Arbeit ist, dass Antworten oft erst sehr viel später richtig verstanden werden. Manche Sachverhalte versteht der Reisende einfach falsch und muss erst geistig reifen, um die Antwort oder die ganze Reise richtig zu begreifen. Dieser Prozess endet niemals. Neulinge neigen oft dazu, die Antworten allzu buchstäblich oder Gefühle für bare Münze zu nehmen. Die daraus resultierenden Fixierungen versperren die Sicht auf neue Antworten oder andere Sichtweisen. Dabei tritt auch gerne das Phänomen der Selbstüberschätzung oder des inflationären Egos auf. Deswegen ist es oft gut, mit anderen Schamanisierenden in Kontakt zu bleiben, um die eigene Vision zu beurteilen.

Über das Schenken und seine Risiken

Wiederholt wurde darauf hingewiesen, dass man gerade am Anfang, bei den ersten Reisen, wo es noch an Erfahrung fehlt, prinzipiell keine Geschenke annehmen soll. Wenn uns Wesen in der Anderswelt Geschenke anbieten, kann dies eben bedeuten, dass wir uns binden, dass wir in der Schuld eines Wesens stehen, dessen Ausmaß wir noch nicht einmal abschätzen können. Geschenke sollten wir deshalb nur von «Freunden» annehmen und wenn wir sicher sind, ein angemessenes Gegengeschenk geben zu können. Vergessen wir nicht: Mit unseren Krafttieren und Verbündeten gehen wir Pakte ein, lebenslange Verbindungen, die hoffentlich Freundschaften sind und bleiben und deren Verpflichtungen wir gerne auf uns nehmen.

Vorsichtsregeln und Risiken schamanischer Arbeit

Im schamanischen Umgang mit alltäglicher und nicht alltäglicher Wirklichkeit ist man nicht automatisch davor gefeit, Fehler zu begehen, etwas oder jemanden zu missbrauchen. Du musst aufmerksam sein, denn alles, was «wirkt», kann nutzen oder schaden, je nach dem Zusammenhang, in dem du es anwendest.

Missbrauch von Orten und Kraftgegenständen

Jeden Ritualgegenstand, jeden Kraftplatz, jedes Krafttier und jede schamanische Technik kann man für oder gegen jemanden einsetzen, wie man auch etwa mit einem Messer entweder Brot schneiden oder einen Menschen töten kann.
Auch die Werkzeuge des Schamanen sind für sich genommen wertfrei, erst die Absicht der Person, die sie einsetzt, macht sie heilsam oder schädlich. Was nicht unmittelbar einleuchtend ist, aber unbedingt verstanden werden muss, ist, dass ausnahmslos alles, was unternommen wird, um auf andere Menschen ohne deren Einverständnis Einfluss und Macht auszuüben, verantwortungs- und respektlos ist und damit schwarze Therapie. Jede ungebetene Hilfe ist ein Übergriff, eine «Vergewaltigung» und ein Eingriff in die Selbstbestimmung eines Menschen. Sie kann etwa einen anderen daran hindern, die für ihn notwendigen Lektionen zu lernen und Erkenntnisse zu gewinnen. Man darf niemanden zu seinem Glück zwingen, jeder hat das Recht, an seinen alten Leiden festzuhalten. «Schamanische Zwangsbeglückungen» sind gerade unter Dilettanten aus der westlichen Eso-Szene gang und gäbe; sie können bei allen Beteiligten nur Schaden anrichten. Wenn man den entsprechenden Menschen nicht persönlich fragen kann, ob er Hilfe wünscht, dann bleibt einem immer noch der Weg, sein Krafttier zu schicken und es Auskunft erbitten zu lassen.

Wer Hilfe wünscht, muss die Verantwortung für sich übernehmen

Das bedeutet nicht, dass er die Ursache seines Problems schon analysiert hat. Aber er muss verstehen, dass nur er allein die Quelle seiner möglichen Heilung ist. Die Bereitschaft, zumindest einen Teil seines Leidens bei und in sich zu suchen und sich nicht nur ausschließlich als Opfer ungerechter Schicksalsschläge zu empfinden, ist Voraussetzung jeder Erfolg versprechenden Arbeit. Kein Schamanisierender sollte so dumm sein und sich für die Projektionen oder billige Neugier anderer missbrauchen lassen. Wer dies tut, wird Opfer seiner eigenen Geltungssucht und bestimmt niemanden heilen, aber sich selbst und womöglich seinem Klienten Schaden zufügen.

Der Schamanisierende muss wissen, ob er einen Klienten annehmen kann und will

Wir alle haben das Recht, auf unseren eigenen Zustand zu achten. Nur wenn dieser gut ist, können wir in der Regel helfen. Dazu gehört auch, dass wir ein Gespür dafür entwickeln müssen, ob wir einem Hilfe Suchenden helfen wollen und können. Menschen, die wir innerlich ablehnen, sollten nicht Opfer unserer schamanischen Experimente werden. Aber auch im umgekehrten Fall, wenn wir persönlich zu sehr identifiziert sind, weil es sich um Angehörige handelt oder wir am Klienten ein sexuelles Interesse haben, sollten wir den Klienten ablehnen: Wir sind nicht in der Lage, uns ausreichend auf unsere Arbeit zu konzentrieren, diese wird von persönlichen Gefühlen zu sehr überlagert.

Was auch immer an Techniken und Ritualen eingesetzt wird: Ohne dass diese Grundregeln beachtet werden, kann nichts Gutes entstehen. Unabhängig davon sind natürlich die juristischen Vorschriften für eine heilerische Tätigkeit zu beachten.

Alle echten Schamanen haben kein Interesse an der persönlichen Abhängigkeit ihrer Schüler. Das ist ein brauchbares Kriterium, um herauszufinden, woran man ist.

Alles Gute hat sein Schlechtes und umgekehrt. Und es liegt immer an uns, wie wir mit unseren Möglichkeiten umgehen. Anzunehmen, dass alles, was aus schamanischen Traditionen stammt, an sich schon richtig und über jeden Zweifel erhaben ist, ist eine dumme Fehleinschätzung.

Wenn wir die Grenzen unseres Bewusstseins erweitern, entwickeln wir immer die weiße und die schwarze Seite gleichzeitig, da wir uns als polare Wesen immer in einem Spannungsfeld bewegen. Die Kunst des Schamanisierenden und die Aufgabe jedes verantwortungsbewussten Menschen bestehen darin, die Balance zu halten und sich in jedem Augenblick immer wieder neu zu entscheiden. Nur gut sein und nur Gutes sehen zu wollen führt zu Lebenslügen und dazu, dass die unterdrückte dunkle Seite, alles, was wir in den Schatten gedrängt haben, sich unberechenbar und unkontrollierbar Bahn bricht. Für möglichen Missbrauch im schamanischen Handeln heißt das, wir sind einerseits niemals hilflose Opfer, außer wir wollen uns so sehen, und haben im umgekehrten Fall viele Möglichkeiten, unsere dunkle Seite anzuerkennen, ohne sie zum Schaden anderer auszuleben.

Zusammenfassung: Regeln zur Durchführung schamanischer Rituale

«Das Universum ist eine Anordnung, die sich selbst überrascht und auf diese Weise die Eintönigkeit und Langeweile vermeidet, die entstehen, wenn man schon alles im Voraus weiß. Und du und ich, wir haben uns mit uns selbst verschworen und so getan, als wären wir in Wirklichkeit nicht Gott. Aber natürlich sind wir es. Wir sind Öffnungen, durch die sich das Universum selbst betrachtet.
oder
Mit welchen Augen wir die Welt auch ansehen, es ist lediglich eine Möglichkeit, die Dinge zu betrachten, und es gibt unendlich viele Betrachtungsweisen.»
Alan Watts – OM

Vorbereitung des Rituals: Zur Vorbereitung gehören die körperliche und seelische Reinigung, Zielsetzung, die Auswahl der notwendigen Utensilien, die Vorbereitung des Raumes, das Festlegen des Ritualablaufs, also z. B. der Körperhaltung und der Ebene der Anderswelt, die aufgesucht werden soll, sowie das innerliche Sicheinstellen auf das Ritual und seinen Zweck. Oftmals stellt eine gründliche Planung schon die halbe Durchführung der Reise dar.

Die Eröffnung des schamanischen Rituals Hier wird mit den bekannten Mitteln (Vorbereiten des Raumes, kurze Meditation, die Schamanentrommel) der Schritt vom Alltags- ins schamanische Bewusstsein getan. Der Geist wird von den Alltagsgedanken befreit. Es ist notwendig, ein bewusstes Zeichen zu setzen, den Alltagszustand zu verlassen und später wieder zu erlangen, um jede Trance willentlich geschehen zu lassen und auch wieder zu beenden. Dieser Punkt ist sehr wichtig.

Der Hauptteil stellt die eigentliche speziell schamanische Operation dar. Dazu gehört das Reisen in die Anderswelt, das Suchen bzw. Rufen des Krafttieres, das «Senden» (das Krafttier beschafft Informationen, bringt Energie zu einem Kranken), das Laden von Talismanen und Amuletten und bei sehr Fortgeschrittenen die Annahme von Tierformen, d. h. das Verschmelzen mit dem Krafttier. Das Anfertigen und Laden von Sigillen. Die Herstellung und Anwendung von Zaubersprüchen. Die Suche nach und die Anwendung von Kraftgegenständen. Die Beschaffung benötigter Informationen mittels der Verbündeten. Das Senden, d. h. die Durchführung bestimmter Aufgaben durch die Verbündeten.

Danksagung, Entlassungsformel. Die abschließende **Reinigung** symbolisiert den Wiedereintritt ins Alltagsbewusstsein. Je intensiver die Reise oder das Ritual war, umso mehr Zeit und Energie muss für diesen Schritt aufgebracht werden. Das Bewusstsein muss immer in der Lage bleiben, zwischen Alltagswelt und Anderswelt zu unterscheiden, sonst besteht gerade bei schamanisch besonders Begabten im Extremfall die Gefahr des Ausbruchs psychischer Erkrankungen.

Die Nachbereitung des Rituals besteht aus der Meditation über das Geschehene, eventuell Eintragung in ein «magisches Tagebuch» und der anschließenden Erfolgskontrolle. Dieser Punkt ist besonders wichtig, denn nur so können wir einigermaßen objektiv feststellen, was bei uns «wirkt», etwas «bewirkt» und was vielleicht nur Phantasie oder Wunschdenken ist. Die mentale und praktische Nachbereitung ist ein wichtiger Aspekt der psychischen Bewältigung und damit der seelischen Reinigung. Auf sie sollte niemals verzichtet werden.

Die Kunst des Wünschens

Die besten Techniken

Hexenkunst, Zauberei und Schamanismus haben eines gemeinsam: Sie lehren uns Techniken, Wünsche wahr werden zu lassen. Die Kunst des Wünschens wäre ein Thema für weit mehr als ein Buch. Ich möchte hier auf alle theoretischen Erwägungen verzichten. Ein wichtiger Hinweis darf nicht fehlen: Alle hier aufgeführten Überlegungen und Techniken gehen auf den magischen Titanen Austin Osman Spare zurück, auch wenn einige seiner Methoden weiterentwickelt oder verändert wurden. Wer sich z. B. mit seiner Sigillenmagie näher beschäftigen möchte, sollte die Werke des Meisters lesen, am besten im Original, was nicht leicht ist, da Spare ein auch für Engländer sehr schwieriges Englisch schrieb. Die Ehre einer deutschen Übersetzung gebührt Michael de Witt: «Austin Osman Spare. Gesammelte Werke». Ein zweites wichtiges Buch über Spare stammt von Marcus M. Jungkurth: «Zos Kia. Der Magier Austin Osman Spare und die Magie des Voodoo», beide leider vergriffen, aber gebraucht und über Fernleihe erhältlich.

Wie man Wunschimpulse setzt

Wenn du einige Erfolge mit dem Herstellen von Gedankenruhe etwa mithilfe der am Anfang beschriebenen Meditation erreicht hast, kannst du damit beginnen, Wunschimpulse in die Stille zu setzen. Sobald du größtmögliche innere Ruhe erreicht hast, denke ein Wort oder ein Bild, das deinen Wunsch ausdrückt. Angenommen, du benutzt diese Technik, um eine persönliche Qualität zu entwickeln wie z. B. «Schlauheit», so denke nur dieses eine Wort «Schlauheit», sonst nichts. Handelt es sich um ein Bild, so lass es für einen Augenblick vor deinem inneren Auge auftauchen, ohne dass du es richtig «betrachtest» oder bewertest. Denke den Wunsch leicht und mühelos, ähnlich wie ein Mantram bei der Meditation. Versuche nicht, dich zu konzentrieren oder dir den Inhalt des Wortes vorzustellen. Denke nur das Wort oder Bild und gib dich wieder für ca. 15 Sekunden der Gedankenstille hin. Ähnlich, als würde ein Stück Stoff gefärbt, indem es immer abwechselnd in Farbe getaucht und in der Sonne gebleicht wird, beeinflussen wir mit dieser Technik unser Unbewusstes **durch bewusstes**

Tun und Vergessen. Lass dich keinesfalls irritieren, wenn das Wort scheinbar Buchstabe für Buchstabe an dir vorbeizieht oder andere seltsame Effekte auftreten. Genau wie beim Gebrauch eines Mantrams wird es auch hier einige Zeit dauern, bis sich der Wunschimpuls so verfeinert hat, dass er nur mehr als ein subtiler, kaum merklicher Anstoß die Gedankenstille unterbricht. Bei der Verwendung jedes neuen Wunsches wird dieser Vorgang wieder zu beobachten sein. Aber auch hier gilt: Konzentriere dich nicht! **Lass es geschehen, als ob du nur ein zufälliger Beobachter wärest**.

Sollten sich die Impulsintervalle ändern, sich etwa auf 20 Sekunden ausdehnen oder auf 10 Sekunden verkürzen, ist das in Ordnung. Wichtig bleibt das Zurückkehren zur Gedankenstille zwischen zwei Impulsen. Hast du während der Praxis Assoziationen und Gedanken, behandele sie wie andere Störungen. Kehre zur Gedankenstille zurück, bevor du den nächsten Wunsch aktivierst.

Gerade diese Technik ist besonders geeignet, den eigenen psychischen Zensor, der uns unentwegt versucht einzureden, dass die Erfüllung unserer Wünsche unmöglich oder unverdient ist, zum Schweigen zu bringen. Abgesehen von den inneren Erfahrungen des Übenden kann hier auf relativ einfache Art und Weise eine grobstoffliche, von außen feststellbare Wirkung erzielt werden.

Auch diese Technik kannst du benutzen, um die einzelnen Elemente zu bereisen, aber es gibt noch viele andere Möglichkeiten, deiner Phantasie sind kaum Grenzen gesetzt. Anders gesagt, die Grenze deiner Möglichkeiten ist deine Phantasie! Ob du besser aussehen, einen interessanteren Job, einen immer freien Parkplatz in der Innenstadt, ein harmonischeres Verhältnis zu deinem Ehepartner oder das Auto deiner Träume haben willst – diese Technik lässt sich auf ALLES erfolgreich anwenden. Für jeden Wunsch solltest du eine Zeit lang üben, zweimal täglich, nicht länger als 14 Tage. Danach solltest du eine Woche pausieren und dich dem nächsten Wunsch zuwenden. Es ist wichtig, dass du dir Notizen machst, um im Nachhinein eine Erfolgskontrolle zu haben. Bei den meisten Menschen ergibt sich eine natürliche Verbindung der Wunschimpulse, d. h. das Auftauchen und wieder Verschwinden eines Wunsches mit der Atmung. So mag der Wunsch beim Ausatmen als feiner Impuls auftauchen, beim erneuten Einatmen aber wieder verschwinden, usw. Sollte sich bei dir eine solche Kopplung ergeben, so lass sie bestehen und mache sie dir für deine grundsätzliche Arbeit zunutze: Ohne denken zu müssen, weißt du, dass mit jedem Atemzug Energie freigesetzt wird, um einen Wunsch zu verwirklichen! Dieses Verfahren ist äußerst effektiv, bedarf jedoch einiger Übung.

Die «Todesstellung»

Dieser unnötig erschreckende Name beschreibt, wie Wünsche direkt in das Unbewusste geleitet werden können, dabei alle Hindernisse unserer Erziehung und Erfahrung umgehen und dadurch die größte Chance haben, sich tatsächlich zu manifestieren.
Spare selbst meinte hierzu:

«eine Simulation des Todes durch völlige Negation des Denkens, d. h. durch das Fernhalten des Wunsches vom Glauben und durch das Wirken von allem Bewusstsein durch die Sexualität ... Durch die Todesstellung ist es dem Leib gestattet, sich spontan zu manifestieren ... Nur er, der sich seiner Handlungen nicht bewusst ist, hat den Mut jenseits von gut und böse: und ist rein in seiner Weisheit des gesunden Schlafes.»

Dieser Text ist sehr kryptisch, wie so ziemlich alles, was Spare geschrieben hat, und ich werde mich im Rahmen dieses Buches nicht an einer tiefer gehenden Deutung versuchen. Im Kern sagt Spare nichts anderes als: Sobald du Gedankenleere erreicht hast und einen Wunsch formulierst oder in dein Unbewusstes leitest, wird er durch den Körper wahr werden, da dieser nicht zwischen gut und böse, richtig und falsch unterscheidet.
Spare geht es bei der Todesstellung also darum, dass ein formulierter Wunsch, etwa durch ein Sigill, im Moment der Auflösung des Bewusstseins durch völlige Erschöpfung in das Unterbewusstsein dringt und dadurch verwirklicht wird. Der eigentliche Wunsch sollte vergessen werden, denn nur so kann er in der Tiefe des Unterbewussten ungehindert wirken. Es muss also ein völliger Erschöpfungszustand erreicht werden, der eine Gedankenkontrolle nicht mehr zulässt.
Es gibt keinen festgelegten Weg, wie

dieser Zustand zu erreichen ist! Jeder Schamane wird Situationen erleben, in denen er nichts Bestimmtes denkt, sein «Gehirn nicht benutzt». In solchen Momenten können Wünsche äußerst machtvoll in das Unbewusste eingepflanzt werden, und es wird kaum etwas geben, das ihre Verwirklichung verhindern kann. Weit fortgeschrittene Schamanen haben ihre eigenen «Tricks», wie sie diese Zustände absichtlich herbeiführen und nicht nur ihr zufälliges Auftreten nutzen. Mehr soll dazu nicht gesagt werden.

Übung: Der magische Blick

Die folgende Übung hat, konsequent trainiert, eine Reihe von Vorzügen: Man erwirbt die Fähigkeit eines «unbeugsamen» Blickes, der sich jeder Fremdbestimmung widersetzen kann und auch potenzielle Angreifer, wie etwa bissige Hunde, abwehrt. Außerdem fördert sie die Fähigkeit zur Wachtrance, d. h. in diesem Fall, sich gleichzeitig in der Anderswelt und der Alltagswelt aufzuhalten, was in manchen Fällen ein unschätzbarer Vorteil ist. Schließlich erwirbst du als Nebenwirkung eine gewisse Aurasichtigkeit, kannst also das Energiefeld, welches den menschlichen Körper umgibt, wahrnehmen. Mit genügend Training kannst du damit sofort feststellen, mit was für einem Zeitgenossen du es zu tun hast, in welcher Stimmung er sich befindet, seinen Gesundheitszustand erkennen, ob er lügt und dergleichen mehr. Eine besonders angenehme Erscheinung ist, dass diese Übung die Augen klarer, leuchtender macht und vor allem, dass sie die Sehkraft stärkt. Übe den magischen Blick, wann immer und sooft es geht, er ist die Kerntechnik eines aktiven Stadtschamanen und unterscheidet die Männer von den Buben, wie man so schön sagt. Wenn möglich, wasche deine Augen (geöffnet!) vor und nach dem Üben mit kaltem Wasser.

Fixieren

Das Fixieren ist in allen schamanischen, magischen und Yogatraditionen eine wichtige Übung, um die Konzentration zu steigern. In der *Gheranda-Samhita* heißt es: «Ohne Blinzeln und Augenaufschlagen schaue auf einen kleinen Punkt, bis die Tränen fließen. Dadurch schwinden Augenkrankheiten, und das göttliche Sehvermögen wird erlangt.»

Man unterscheidet zwischen dem Fixieren eines äußeren Objekts mit offenen Augen und der Konzentration auf ein vorgestelltes Objekt. Ziel mancher Fixierungsübungen ist es, eine klare Sicht der Elementarfarben zu bekommen, die die Farben von Erde, Feuer, Wasser und Luft darstellen. Die Entfernung zwischen den Farbflecken und den Augen wird immer mehr verringert, bis die Aufmerksamkeit schließlich an der Nasenwurzel fixiert ist.

Die alten buddhistischen Kasina-Übungen stellen eine andere Variante dar. Dabei wird die Aufmerksamkeit fixiert auf: ein Häufchen Sand (Erde), eine Schale voll Wasser (Wasser), Empfindung des Luftzugs auf der Hautoberfläche (Luft), Kerzenflamme (Feuer).

Übung Fixieren:

Zeichne einen schwarzen Punkt auf ein Blatt Papier und befestige dieses so an der Wand, dass sich der Punkt in Augenhöhe befindet, wenn du ihn von einem Stuhl aus betrachtest. Setze dich etwa einen Meter von der Wand entfernt auf den Stuhl und fixiere den Punkt, ohne deinen Blick auch nur einen Moment lang abzuwenden oder zu blinzeln. Führe die Übung 5 Minuten täglich durch. Wenn du sie durchhalten kannst, ohne dass die Augen tränen und du zwischen-

durch deinen Blick abwendest, steigere langsam die Zeit bis auf 15 Minuten.

Übung: Defokussieren

Entspanne dich mit einer dir bereits geläufigen Methode. Fixiere deinen Blick auf einen Punkt an der Wand. Lockere nun den Blick, schau links und rechts an dem Punkt vorbei, das heißt, du blickst mit den Augen parallel (defokussiert) und damit zwangsläufig unscharf! Dein Gesichtsfeld wird sich auf über 180 Grad ausweiten. Anfangs wird diese Übung von heftigem Tränenfluss begleitet sein. Versuche trotzdem ruhig zu bleiben und weiter zu üben. Lass die Tränen fließen und die Augen geöffnet. Sobald deine Gedanken stiller werden, lässt auch der Tränenfluss nach. Mit einiger Übung wird es dir auch möglich sein, den magischen Blick aufrechtzuhalten, wenn du den Kopf bewegst oder im Raum, später auch auf der Straße und in der Stadt umhergehst.
Die Übung eignet sich auch vorzüglich zum Erlernen des Aurasehens. «Starre» dein Gegenüber in der Höhe des Hals-Chakras an und lasse den Blick locker, defokussiere. Schaue links und rechts am Hals vorbei.

Eine einfache Anleitung zur Anfertigung von Zaubersprüchen

Die einzige Befreiung von Leiden ist der Rausch.
Austin Osman Spare

Im praktischen Schamanismus spielen Zaubersprüche eine große und wichtige Rolle. Auch wenn im populären «Indianer-Schamanismus» davon nicht oder kaum die Rede ist. Entweder erhalten wir sie direkt von unseren Verbündeten (Krafttieren, Geistern, Elementarwesen usw.), oder wir fertigen sie selbst an. Hier soll nun zum ersten Mal eine äußerst effektive Methode zur Herstellung und Anwendung von Zaubersprüchen publiziert werden.

1. Zuerst sollte man einen möglichst einfachen, eindeutigen Wunsch formulieren.
2. Dieser Wunsch darf keine Verneinungen enthalten, da das Unbe-

wusste Verneinungen von Bejahungen nicht unterscheiden kann. So wird aus dem Wunsch «Ich will nicht krank werden» für das Unbewusste «Ich will krank werden», und genau das Gegenteil des Gewünschten wird erreicht.

3. Im nächsten Schritt werden aus dem ausgeschriebenen Wunsch alle Vokale gestrichen, Umlaute werden wie Vokale behandelt.
4. In diese Konsonantenfolge werden dann «neue» Vokale eingesetzt, wobei folgende Regeln zu beachten sind:

→ E = Und, Verbindung, Kommunikation. E ist der mit Abstand häufigste Vokal und kann notfalls immer eingesetzt werden, wo ein «Füllsel» zwischen zwei Konsonanten benötigt wird. Astrologisch entspricht der Buchstabe E dem Planeten Merkur.
→ I = Schärfe, Kampf, Aggression, Alarm, Wille.
→ U = Stabilität, Trennung, Hindernis, Abgrenzung. Astrologisch ist dies dem Saturn zugeordnet.
→ A = Harmonie, Ausgleich, Ästhetik, Erotik, persönliche Beziehungen. Astrologisch ist dies der Venus zugeordnet.
→ O = Glück, Wohlstand, Ausdehnung, Erweiterung. Astrologisch entspricht er dem Planeten Jupiter.

Nehmen wir an, eine Schamanin macht sich Sorgen um die Treue ihres Gatten und möchte das Wohl ihrer Ehe durch einen Zauberspruch fördern. Dies könnte sie in folgendem Wunsch formulieren:
«Ich will, dass mein Mann nur mich begehrt und mir treu ist.»
Der Wunsch hält die Regeln eins und zwei ein: Er ist eindeutig und enthält keine Verneinung. Man könnte einwenden, dass sich der Wunsch noch verkürzen ließe (was immer wünschenswert ist), da logischerweise ein Mann, der ausschließlich eine Frau begehrt, wohl kaum einen Grund haben wird, ihr nicht auch treu zu sein. Aber Verdoppelungen sind zulässig, und die Frau will offensichtlich auf Nummer sicher gehen.
Nehmen wir also den Wunsch und entkleiden ihn seiner Vokale:
«ch wll dss mn Mnn nr mch bghrt nd mr tr st.»
Zuerst schauen wir, wo sich das «A» am besten unterbringen lässt, ist dieser doch für Attraktivität und Begehren zuständig. Im Wort «begehrt» ist er bestens aufgehoben. Das «O» bringt zur gewünschten Attraktivität noch ein wenig Glück, was ja nichts schaden kann.
«ch wll dss mn Mnn nr mch bagahrot nd mr tr st.»

Das «I» für die Durchsetzung des Willens können wir am Anfang gebrauchen, denn es ist ja der Wille der Frau, der betont werden soll:
«chiwilil dss mn Mnn nr mch *bagahrot* nd mr tr st.
Hier wurden also die Wörter «ich» und will» zusammengezogen, was zulässig und sinnvoll ist. Wichtig ist, dass das ursprüngliche Wort und seine Bedeutung klanglich nicht mehr zu rekonstruieren ist, sich der Spruch aber gut aussprechen lässt und nicht «albern» klingt. «Ch» am Wortanfang ist ein kleiner Zungenbrecher, hier kann man deshalb das immer verwendbare «E» voranstellen:
«Echiwilil dss mn Mnn nr mch *bagahrot* nd mr tr st.»
Zu Ende geführt könnte der Zauberspruch wie folgt aussehen:
«Echiwilil desis emun Munin uner imechi bagahrot ned imeri turust.»
In der Schriftform ist der Spruch durchaus tauglich, man kann ihn auf scheinbare Schmierzettel schreiben, wie zufälliges Gekrakel auf dem Telefonbuch hinterlassen und Ähnliches.
Für die Sprechpraxis sind Verkürzungen möglich und praktisch:
«Echiwilil Munin uner imechi bagahrot imeri turust.»
Desis = das, emun = mein, ned = und lassen sich streichen, ohne dass der Sinn des Satzes verloren geht. Wenn Zaubersprüche trotz aller Verkürzungen immer noch zu lang sind, können alle Konsonanten, sobald sie ein zweites Mal auftauchen, aus dem Rest des Spruches entfernt werden. Die wegen ihnen eingefügten Vokale streicht man gleich mit, lässt aber selbstverständlich die Wiederholungen an anderen Stellen stehen:
«Echiwil Munur bagotus.»
Bei dieser Verkürzung wird also kein Konsonant zweimal innerhalb eines Spruches vorkommen – das verkürzt zwangsläufig auch den längsten Spruch auf ein handliches Format.
Unsere Schamanin wird so oder so eine Weile üben müssen, bis sie den Spruch beherrscht. Allein dieser Prozess gibt dem Spruch bereits Kraft. Er sollte so lange geübt werden und bei jeder Gelegenheit innerlich oder laut gesprochen werden, bis er einem völlig in Fleisch und Blut übergegangen ist. Er kann auf einer Schamanenreise einem Verbündeten mitgeteilt werden, dem man zutraut, in dieser Angelegenheit etwas für einen tun zu können, man kann ihn als Wunschimpuls bei den erwähnten Einschlafübungen oder in der Meditation verwenden, man kann ihn auf Talismane und Amulette schreiben.
Kurzum: Ein Zauberspruch lässt

sich mit jeder anderen schamanischen Tätigkeit kombinieren und macht diese noch wirkungsvoller. Zaubersprüche, die von dauerhafter Wirkung sein sollen, sollten nicht länger als 14 Tage am Stück angewendet werden. Danach sollte man pausieren und den Erfolg abwarten. Selbst geschaffene Zaubersprüche sollte man niemals anderen verraten oder sie und ihre Wirkungen aufschreiben. Wird der Spruch zu einem späteren Zeitpunkt wieder benötigt, lässt er sich sehr schnell reaktivieren und wird von Mal zu Mal wirksamer.

Das magische Alphabet und wie man die Wirkung von Zaubersprüchen wieder aufhebt

Soll ein Zauberspruch nur kurze Zeit gelten oder gibt es andere Gründe, seine Wirkung aufheben zu wollen, so ist die einfachste Form, ihn rückwärts auszusprechen. Wobei die meisten Schamanen und Magier den erstaunlichen Fehler begehen, die Schrift- mit der Sprechsprache zu verwechseln bzw. gleichzusetzen.
Für die einfachsten und dennoch effekivsten magischen Techniken ist es wichtig, Formeln und Zaubersprüche u. a. rückwärts zu rezitieren.
«Ich will» würde also zu «lliw hci». Das mag für die Schriftform noch angehen, obwohl ich glaube, dass die Mutter aller Zaubersprüche eben der Spruch, das gesprochene Wort ist, dem sich die Schrift unterzuordnen hat.
In der lateinischen Schrift bzw. ihrer Aussprache hat das «ch» keinerlei Ähnlichkeit mit dem Buchstabenungetüm «hc», denn eigentlich handelt es sich hier um einen eigenen Buchstaben, der eben nur durch die Kombination zweier anderer dargestellt wird. Wer sich hierüber ein wenig Gedanken macht, wird schnell ein eigenes magisches Alphabet zusammenstellen können, in dem z. B. «ch», «sch», «eu», «ei», «ie» usw. als eigene Buchstaben aufzufassen sind. Der erste Schritt besteht also darin, eine Schriftform zu finden, die der Klangbildung bei echter «Rückwärtssprache» (wie sie etwa auf einem rückwärts laufenden Tonband zu hören ist und leicht mit jedem PC bewerkstelligt werden kann) nahe zu kommen.
Hier ein paar Beispiele:
«Eins» wird zu: Sn(h)ea; d. h. der Laut «ai», geschrieben meist «ei», wird «ea» oder «hea» ausgesprochen, keinesfalls jedoch «ie», wie sich dies aus der Schriftsprache ergeben würde. Die Buchstabenfolge «ns» spricht sich umgekehrt allerdings tatsächlich «sn» aus.

«Zwei» wird zu «(h)ea wst».
Die erste Silbe ist nach dem o. g. klar, «w» bleibt (ungefähr) erhalten, «z» wird zu «st».
Bevor der fortgeschrittene Schamane sein eigenes Alphabet erstellt, reicht es völlig aus, Zaubersprüche auf dem PC aufzunehmen, rückwärts abspielen zu lassen und dieses Klangbild zu notieren.
Zur Aufhebung der Wirkung von Zaubersprüchen sollten diese dann dem Klangbild entsprechend rückwärts gesprochen werden, können aber auch auf diese Weise notiert werden. Bei Zaubersprüchen ist nicht das Problem, ob sie wirken, sondern wie sie wirken. Selbst ein «Profi» vergaloppiert sich einmal. Umso wichtiger ist es, dass man Techniken beherrscht, die Wirkung eines Zaubers wieder aufzuheben.
Eine weitere Anwendungsmöglichkeit ist, im ursprünglichen Wunsch sein Gegenteil zu formulieren, ähnlich dem Skifahrergruß «Hals- und Beinbruch», um ihn dann in seiner umgekehrten Form, also der Rückwärtssprache, zum Zauberspruch zu machen. Dieses Verfahren ist ebenso simpel wie erschreckend wirkungsvoll. Hier gibt es keine dem normalen Schamanen zugängliche Möglichkeit, die Wirkung des Spruches aufzuheben. Da hier mit einer doppelten Negation gearbeitet wird, deren korrekte Ausformulierung für das Unbewusste ausgesprochen schwierig ist, sollte man von dieser Methode die Finger lassen. Das Risiko, Wirkungen zu erzielen, die mit dem eigenen Wunsch nichts zu tun haben oder gar seinem Gegenteil entsprechen, ist zu groß.

Ein einfaches Verfahren zur Herstellung von Sigillen

Das Wort Sigill ist mit dem Wort Siegel verwandt, es entspricht der bildlichen Darstellung eines Zauberspruchs. Es gibt zahlreiche Verfahren zur Herstellen von Sigillen. Ich möchte hier ein besonders einfaches und dennoch sehr wirkungsvolles beschreiben: Bleiben wir bei unserer Schamanin, die sich einen treuen Partner wünscht, der nur sie begehrt. Nach der Herstellung des oben beschriebenen Zauberspruches kann sich die Schamanin ein passendes Sigill erstellen: Sie wählt

bzw. schafft eine Situation, in der sie an der Wahrheit ihres Wunsches keinerlei Zweifel hat, wo sie also zutiefst davon überzeugt ist, dass ihr Partner genau die Eigenschaften besitzt, die sie sich von ihm wünscht. Dieser Umstand ist von entscheidender Wichtigkeit. In diesem Trancezustand nimmt sie ein Blatt Papier, einen Stift und krakelt unter heftigen Gefühlsaufwallungen das Blatt voll. Es geht also nicht im Geringsten darum, WAS gezeichnet wird, sondern in welcher emotionalen Verfassung dies geschieht. Das Blatt unserer Beispiel-Schamanin könnte so aussehen:

Mit Sicherheit kein Kunstwerk, aber darum geht es hier auch nicht. Im zweiten Schritt wird eine Münze auf eine beliebige Stelle des Bildes gelegt und ein Kreis um sie herum gezeichnet. (Soll ein größerer Bildausschnitt gewählt werden, kann auch ein Zirkel verwendet werden.)
Nun haben wir also einen von zufälligen Linien durchzogenen Kreis. Im letzten und wichtigsten Schritt werden aus den Linien so Flächen gestaltet, dass ein einigermaßen ansprechendes, nicht zu einfaches und nicht zu kompliziertes Bild entsteht. Dem Schamanen steht es frei, dabei z. B. Farbe zu verwenden. Das fertige Sigill sollte einfach genug ein, dass sein Aussehen eingeprägt und bei Bedarf imaginiert werden kann.
Die Arbeit mit Sigillen ist eine der mächtigsten Formen der Zauberei überhaupt. Das Sigill muss dabei einerseits mit dem Wunsch geladen werden, andererseits darf der Wunsch beim Betrachten des Sigills nicht mehr bewusst sein. Eine Möglichkeit dies zu erreichen ist z. B., mehrere Sigille anzufertigen, sodass schnell vergessen wird, welches Sigill welchem Wunsch entspricht. Aus dem Stapel der Sigille wird dann z. B. vor dem Einschlafen zufällig eines herausgezogen und wie in der Mantrammeditation imaginiert. Praktischerweise notiert man den Wunsch und sein Datum auf der Rückseite des Sigills,

damit man den Erfolg der Übung nach einiger Zeit überprüfen kann. Eine weitere Möglichkeit ist, dass man die Originale seiner Sigillen an einem sicheren Ort aufbewahrt und jeden Abend die Zeichnung neu anfertigt. Auch auf diese Weise wird der Wunsch im Unbewussten genährt und aktiviert, während unsere Bewusstseinszensoren keine Chance haben, den Wunsch zu beschneiden, da sie ihn nicht kennen. Wenn man genügend Training hat und zumindest einen Teil seiner Sigillen sich auch vorstellen kann, ohne die Vorlage zu sehen, dann ist es äußerst wirkungsvoll, sie in emotionalen Erregungszuständen zu imaginieren. Bei besonderer Freude, Enttäuschung, Wut, sexueller Erregung usw. wird mit dieser Energie unser Wunsch genährt. Da das Unbewusste nicht zwischen negativ und positiv unterscheiden kann, können hierzu auch z. B. Enttäuschungserlebnisse verwendet werden. So können wir auch unangenehme Erfahrungen zur Verwirklichung unserer Wünsche nutzen! Schließlich können Profis, die die Kartenmethode zum Besuch der einzelnen Elemente beherrschen, auch ihre Sigille dazu verwenden, um Bewusstseinsräume zu besuchen, in denen ihr Wunsch bereits uneingeschränkt Realität ist. Dies gilt natürlich nur für Menschen, in die kein Programm eingepflanzt wurde, dass sie die Verwirklichung **keines** Wunsches verdient haben, da sonst unangenehme Erlebnisse unvermeidlich sind. Verläuft bei Menschen ohne dieses Programm die Reise wider Erwarten ausgesprochen unangenehm, so mag dies ein Hinweis darauf sein, rechtzeitig die Notbremse zu ziehen und seinen Wunsch zurückzunehmen! In den übrigen Fällen können wir von unseren Verbündeten zusätzliche Hinweise erhalten, was wir tun können, um unseren (**vergessenen**) Wunsch Wirklichkeit werden zu lassen.

Zum Abschluss: Warum wir nicht immer bekommen, was wir wollen

Es gibt drei Gründe, warum wir nicht bekommen, was wir uns wünschen, und woran schamanische Rituale scheitern können:
Der erste ist, dass wir uns etwas wünschen, das einfach außerhalb unserer Möglichkeiten liegt oder gar gegen die Naturgesetze verstößt.
Der zweite Grund ist, dass wir uns selbst aufgrund von Komplexen, Erziehung, Ängsten, Moralvorstellungen, Schuldgefühlen etc. Grenzen auferlegen, die unsere bewusste und unbewusste psychische Energie dafür Sorge tragen lassen, dass wir über den von uns selbst so eng gesteckten Rahmen unserer Möglichkeiten nicht hinauswachsen können und unsere Wünsche, die außerhalb dieses Rahmens liegen, daher auch niemals verwirklichen werden: Wir kämpfen mit aller Macht und sehr erfolgreich, um an uns selbst zu scheitern.
Diese Programmierungen (Prägungen, Erziehungsfolgen, Anlagen) sitzen sehr tief. Dies ist auch ein Grund, warum positives Denken, Erfolgsseminare und entsprechende Managerschulen auf der Basis «Ich erreiche alles, was ich will», nicht nur Unsinn, sondern psychisch auch gefährlich sind: Sie überlagern kurzfristig persönliche Verlierer-Programme, füttern kindliche Erfolgserwartungen, die durch die anfängliche Euphorie scheinbar funktionieren, um dann regelmäßig in Totalfehlschlägen zu enden. Dass die Besucher solcher «Schulungen» nach normalen wirtschaftlichen Misserfolgen eine deutliche erhöhte Suizidneigung haben, ist inzwischen belegt. So erreichen wir also bestimmt nicht, was wir uns wünschen. Alle unsere Wünsche sollten implizit die Formel enthalten «wäre schön, aber muss nicht sein, ist nicht so wichtig».
Der dritte Punkt ist, dass wir nicht bereit sind, den notwendigen Preis zu bezahlen, d. h., die Konsequenz und Energie aufzubringen, um unsere Wünsche wahr werden zu lassen. Wenn wir uns etwa einen großen Freundeskreis (am besten gar in der High Society) wünschen, in dem wir eine attraktive Rolle einnehmen, dann müssen wir nicht nur bereit sein, Bekanntschaften einzugehen, wir müssen sie auch pflegen. Wir werden viel Zeit auf-

bringen müssen, um zu telefonieren, Briefe zu schreiben und auf Partys zu gehen. Zusätzlich sollten wir unsere äußerliche Erscheinung pflegen, beste Umgangsformen beherrschen, ein freundliches, ausgeglichenes und geistreiches Wesen haben, über ein möglichst großes Repertoire an Konversationsthemen verfügen und vielleicht noch ein, zwei Fremdsprachen sprechen. Die Liste ist längst nicht vollständig, aber ich denke, es ist klar, worauf ich hinauswill: Die Erfüllung unserer Wünsche kostet Zeit und Energie, und das ist noch der geringste Preis, den wir dafür zahlen müssen. Im Schamanismus und der Magie ist es in dieser Hinsicht leider nicht anders als irgendwo sonst in der Natur: Umsonst ist der Tod, und der kostet bekanntlich das Leben. Und obwohl es für viele sicherlich ein höchst attraktives Lebensziel sein mag, ein bekannter und begehrter Lebemensch in der High Society zu sein, führt kein Weg daran vorbei, dass es nicht nur sehr harte Arbeit ist, dieses Ziel zu erreichen, sondern daraufhin beständig viel Lebensenergie aufgebracht werden muss, um das Erreichte zu erhalten.